선교적 교회 제자훈련 성경공부 시리즈

빌립보서

참된 삶의 비결

일러두기
본문에 인용한 성경 본문은 대한성서공회에서 펴낸 개역개정판을 따랐다.

빌립보서 **참된 삶의 비결**
선교적 교회 제자훈련 성경공부 시리즈

1판 1쇄 발행	2023년 2월 1일
발 행 처	사)한국해외선교회 출판부(GMF Press)
지 은 이	이태웅
발 행 인	양승헌
출 판 편 집	한국선교연구원(KRIM)
주 소	서울 양천구 목동중앙본로18길 78, 4층
전 화	(02)2654-1006
이 메 일	krim@krim.org
등 록 번 호	제21-196호
등 록 일	1990년 9월 28일

빌립보서

참된 삶의 비결

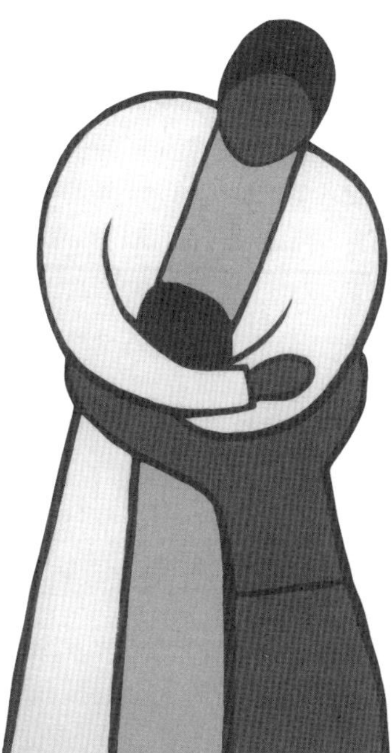

이태웅 지음

선교적 교회 제자훈련 성경공부 시리즈

선교적 교회 제자훈련 성경공부를 위한 이 지침서는 우리에게 하나님의 말씀이 한 사람을 통해 어떻게 삶의 현장에서 현실적으로 나타나는가를 잘 보여 줄 것이다.

목차

본 시리즈의 배경

『선교적 교회 제자훈련 성경공부 시리즈』는 지난 50여 년간의 경험을 토대로 하나님의 말씀 연구를 통해 어떻게 하면 우리에게 적합한 선교적 교회를 세우고, 제자훈련을 효과적으로 할 수 있을지 긴 숙고 끝에 이뤄진 것임을 밝히는 바이다.

본인은 지난 50여 년 전부터 한국교회의 성장과 학생 및 해외선교 단체를 통해 지도자들을 양성하기 위해 성경공부 교재들을 집필했다. "새생명을 얻는 방법"부터 시작해서 새 생명이 어떻게 자라는가에 초점을 둔 "새생명의 시작"을 집필했고, 그 외에도 여러 제자훈련용 교재를 집필해서 본국에서와 선교지에서 효과를 얻게 되었다. 이를 통해 하나님의 사람이 되기 위해서는 하나님의 말씀에 깊이 뿌리를 내리지 않으면 안 된다는 사실을 깨달았고, 지난 수십 년간 선교사를 훈련하면서 하나님의 말씀을 어떻게 공부하고 적용할 것인가라는 주제는 필수적인 커리큘럼의 일부가 되었다.

1990년 중반 북미주 복음주의 선교학자들이 복음과 문화의 관계를 연구하던 중에 선교적 교회(missional church) 이론이 탄생했다. 먼저는 북미주에, 그다음에는 세계로 퍼져 나갔다. 그러나 애처롭게도 그 불은 빠른 속도로 세계에 퍼졌던 것과 같은 속도로 금새 꺼져 버렸다. 필자는 그 원인으로 제자훈련이 안 된 가운데 단순히 선교신학적 해답을 찾는 것만으로는 선교적 교회가 된다는 것은 불가능하다고 판단하고 본 시리즈를 시작하게 되었다.

> 하나님께서는 모든 교회가 선교적으로 되기를 절실히 원하신다(요 20:21-23).

이태웅

『선교적 교회 제자훈련 성경공부 시리즈』 추천사

『선교적 교회 제자훈련 성경공부 시리즈』는 사도행전을 큰 뼈대로 삼아 그 선교 역사의 흐름 속에 바울서신과 일반서신을 연결하여 각 책의 핵심 내용과 메시지를 현장감 넘치게 소개합니다. 교재마다 세부적인 체계의 차이는 있지만, 큰 뼈대는 대체로 일치합니다. 각 책을 시작할 때마다 그 책의 기원과 구조, 그리고 핵심 주제를 소개하는 서론이 나타납니다. 본론은 단락마다 주제와 내용 요약을 제시하고, 본문 이해를 돕기 위한 질문들과 이를 답변하는 데 도움을 주는 힌트를 제공합니다. 이어서 "이 과를 마치면서"라는 결론으로 마무리됩니다. 그 사이사이에 다양한 소제목이 활용되는데, 예를 들면 본문관찰, 본문묵상, 핵심메시지, 우리의 고백, 추가적 연구, 적용하기, 그리고 나의 기도 등입니다.

이처럼 다양한 소제목은 큰 뼈대와 더불어 크게 두 가지에 관점을 가지고 접근합니다. 첫째, 본문의 의미를 추구하는 것입니다. 이를 위해 역사적 배경, 어휘 연구, 문맥 관찰, 구조 연구, 핵심 메시지 탐구 등이 활용됩니다. 둘째, 본문을 적용하는 것입니다. 이를 위해 묵상, 우리의 고백, 그리고 현대적 적용과 나의 기도 등과 같은 질문들과 도전들이 활용됩니다. 이 시리즈의 교재를 하나씩 따라가다 보면, 독자는 사도들의 교회를 향한 사랑과 선교를 위한 헌신에 깊이 공감하게 되고, 자신도 어느새 그 사랑과 헌신에 동참하게 됨을 발견할 것입니다. 사도행전과 바울서신 그리고 일반

서신을 선교적 관점에서 일관성 있게 공부하고 적용하기를 바라는 목회자와 선교사들과 성도님들에게 이 시리즈를 적극적으로 추천합니다.

양용의 박사 에스라성경대학원대학교 신약학 교수 역임

변함없는 진리의 말씀인 성경과 변화하는 세상 속에 사는 우리 삶은 연결되어야만 합니다. 그것이 성경을 공부하는 이유입니다. 종종 성경공부 교재는 성경(text) 쪽 언덕에 집착하다 상황(context) 쪽 언덕에로의 연결이 약해 기독교판 주지주의(主知主義)로 빠지게 되거나, 반대로 상황 쪽 언덕에 집착하다 성경 쪽 언덕에로의 연결이 약해 주관주의로 빠지게 되는 것을 느낍니다. 『선교적 교회 제자훈련 성경공부 시리즈』는 평생 하나님의 말씀과 하나님의 선교에 헌신해 오신 이태웅 박사님의 평생의 노력이 한 곳에 모인 균형 잡힌 성경공부 교재입니다. 디모데가 바울이 보낸 디모데전후서 편지를 받았을 때 느꼈을 따듯한 가르침이 이 교재 페이지마다 진하게 느껴집니다. 노련한 하나님의 사람 이태웅 멘토님의 다정하고 자상한 가이드를 통해 우리는 그 말씀으로 이 상황을 어떻게 살고 섬겨야 할지를 배울 수 있습니다. 저자의 귀한 헌신과 노력이 이 땅의 말씀 사역자들에게 큰 축복이 될 것을 확신합니다.

양승헌 목사 세대로교회 담임, Ph.D.(트리니티 복음주의 신학교)

이 성경공부 시리즈는 본문 연구에 충실하면서도 구체적으로 선교적 적용을 하고 있습니다. 사도행전과 서신서들을 묵상하면서 선교적 영성을 닦고 제자도를 연마하는 데 크게 도움이 될 것입니다. 복음주의적인 성경 이해를 바탕으로 제자로서의 자신의 삶을 돌아보는 영적인 순례길의 좋은 안내자가 될 것이라고 믿습니다.

문상철 목사 카리스 교차문화학 연구원장, KRIM 창립원장 역임,
Ph.D. in ICS(트리니티 복음주의 신학교)

이번 이태웅 목사님이 집필하신 『선교적 교회 제자훈련 성경공부 시리즈』는 체계적으로 주님의 말씀을 공부함으로써 영적 성숙을 이룰 뿐만 아니라 선교적 그리스도인으로서 하나님의 선교에 참여할 열정을 품게 해 줄 것입니다. 성경이 말씀하고 있는 선교적 삶을 살고자 하는 선교사와 선교적 그리스도인이 되고자 하는 사람이라면 누구나 쉽게 공부함으로 도움을 받을 수 있는 본 교재를 적극적으로 추천하는 바입니다.

주민호 선교사 침례교해외선교회(FMB) 회장(선교학 박사)

하나님의 백성이 튼튼해지는 길은 하나님의 말씀을 정기적으로 잘 먹고, 그 말씀대로 사는 것입니다. 『선교적 교회 제자훈련 성경공부 시리즈』는 그런 길로 친절하게 안내하고 있습니다. 본인은 실제로 미국 한인교회 청년들을 대상으로 본 성경공부 시리즈를 활용하면서 큰 성과를 거둔 경험이 있습니다. 이번 개정판이 21 세기 상황에 더 적합하게 만들어진 것을 보니 더욱 기쁩니다.

변진석 목사 한국선교훈련원 원장, Ph.D. in ICS(트리니티 복음주의 신학교)

선교라는 제목에도 불구하고 이 시리즈에서 선교가 잘 안 보인다면 이는 성경이 선교적이지 않거나 저자가 선교를 몰라서가 아니라 성경과 이 책을 보는 우리의 선교에 대한 오해 때문입니다. 그리스도인의 바른 정체성과 속성이 곧 선교적이었던 초기 교회의 모습을 바르게 보여 준다는 면에서 이 시리즈는 선교적 성경공부입니다. 이 책을 통해 말씀의 본래 의도를 깨달아 우리의 선교에 대한 오해가 선교의 이해로 거듭나기를 바랍니다.

권성찬 목사 한국해외선교회(GMF) 대표,
GBT 대표 및 위클리프 아시아-태평양 대표 역임, Ph.D.(옥스퍼드선교대학원)

빌립보서 서문

문화가 달라지고 시대가 변하고 사람들의 생활환경이 현대화되었어도 빌립보서가 쓰인 때나 지금이나 변하지 않은 것들이 있다. 그것은 그리스도로 말미암아 의롭게 살고자 하는 사람들에게 세상은 여전히 어렵다는 점과 성숙한 그리스도인들은 그 어려움의 장벽을 뚫고 꾸준히 성경말씀을 생활 속에 적용하려고 노력하고 있다는 점이다. 우리는 이와 같은 예를 바울 사도의 삶과 사역을 통해서 찾아볼 수 있다.

빌립보서에서 우리는 하나님의 말씀과 삶의 조화가 바울이라는 한 인간을 통해 어떻게 어우러지고 있는가를 볼 수 있다. 빌립보서 공부를 위한 이 지침서는 우리에게 하나님의 말씀이 한 사람을 통해 어떻게 삶의 현장에서 현실적으로 나타나는가를 잘 보여 줄 것이다. 이로써 우리도 삶의 현장 속에서 경건하게 살아갈 용기를 얻게 될 것이다.

그다음으로 본문에 대해 더욱더 심층적으로 연구하는 단계로 나아갈 수 있다. 이는 적절한 주석과 기타 또 다른 참고서적들을 활용해 본문에 대해 더 깊이 연구하는 과정이 될 것이다. 그렇게 몇 사이클을 반복하면서 본문을 익히고 묵상하며, 익힌 것을 삶 속에 적용하고 연구하는 것을 거듭하다 보면 어느덧 본문이 주는 메시지가 무엇인지 더 확실하게 이해가 될 것이다. 그런 과정을 충실하게 이행함으로써 얻은 본문의 메시지를 자신의 가치관과 세계관(더 깊은 자신의 의식세계) 차원에까지 영향을 주도록 받아들일 때 우리는 그리스도의 형상을 점점 더 닮아 가게 될 것이다. 그 결과 우리의 영성은 더욱더 깊어지고 아울러서 우리의 신앙도 더 성숙해질 것이다. 본 지침서를 통해 이처럼 충실하게 빌립보서를 공부하는 모든 사람이 참된 삶의 비결들을 하나씩 하나씩 발견해 나아가는 기쁨을 경험하게 되기를 바라 마지않는다.

이 지침서에 기록된 내용들은 하나님의 말씀 깊이에 비하면 한 모금 물에도 채 미치지 못할 것이다. 다만 깊은 심해에서 길어 올린 그 한 모금 물이 하나님의 말씀을 사랑하고 더 깊이 공부하고자 하는 분들에게 빌립보서를 이해하는 데 조금이라도 보탬이 될 수 있기만을 바라면서 이 지침서를 내는 바이다. 참고로 이 지침서는 두란노 서원이 『참된 삶의 비결』로 1986 년 초판, 1990 년 개정, 1993 년에 강해집으로 5 판이 출판되었던 내용을 허락받아 본 지침서에 간간이 활용한 점을 밝히는 바이다.

2023 년 1 월 20 일 개정

목동에서

이태웅

빌립보서 개론

빌립보서의 가장 커다란 메시지는 그리스도인은 어떤 상황에 부딪혀 있더라도 그 가운데서 참된 신앙생활을 할 수 있다는 것이다. 바울 사도는 감옥 생활이나 타인의 모함, 생명의 위험, 심지어는 자신이 개척한 교회 내에서 문제들이 발생했음에도 불구하고 그리스도로 말미암았던 참된 면을 절대로 빼앗기지 않았다. 그와 같은 사실은 현대에 사는 우리에게 엄청난 도전이 된다. 갈수록 복잡하고 혼잡해지고 다난(多難)해지며, 고도로 산업화하여 가는 사회 속에서 우리들은 참된 면을 잃어버리고 살기가 얼마나 쉬운가. 사람들은 저마다의 야망과 고민에 사로잡혀 웃음도, 인정도, 낭만까지도 망각하면서 살아가기가 너무 쉽다.

이와 같은 상황 가운데 있는 **현대의 그리스도인들에게 참된 생활을 할 수 있는 비결을 알려주는 것이 바로 이 책을 쓴 목적이다.** 여기에서 우리는 고난이나 가난, 타인과의 갈등, 직장에서의 장시간 근무 혹은 가정에서 허구한 날 가사를 돌보는 와중에서도 바울처럼 참된 삶을 누릴 수 있다는 소망을 발견할 수 있다. 현대에 사는 우리가 빌립보서를 통하여 그처럼 참된 생활을 할 수 있다는 기대를 하는 데에는 이유가 있다. 그중에서 다음 두 가지만 소개한다.

첫째, **바울 사도 자신의 삶 그 자체가 그 이유이다.** 바울 사도는 자신이 체험도 해보지 않고서 단지 참된 생활에 대한 이론이나 교리만을 우리에게 제시하고 있는 것이 아니다. 빌립보서를 읽는 사람이라면 누구나 이 책은 한 다정한 친구가 또 다른 그의 친구에게 쓴 사랑의 편지이지 결코 설교문이나 이론의 전개가 아니라는 사실을 쉽사리 알 수 있다. 이 서신 구석구석 사도 바울의 개인적인 처지와 감정의 냄새가 물씬 풍기고 있다. 그것은 그리스도의 사도나 세계 최고의 선교사로서의 모습이라기보다는 오히려 어려운 세파 가운데서도 세상에 등지지 않고 어떻게 하면 주님을 올바로 섬기고 증거하며 그 인격이 주님처럼 되어 갈 수 있을까 하여 애써 실천하는 하나의 그리스도인으로서의 모습이 아닐 수 없다. 그것이 바로 우리가 보고 본받아야 할 내용이다. 인간 바울이 실행할 수 있다면 우리도 똑같이 그리스도를 의지하여 그와 같은 참된 삶을 실현할 수 있을 것이다.

둘째, **바울 사도의 삶과 사역의 원동력이 그 이유가 된다.** 바울 사도는 교회 내에서 혼자 하나님께 온종일 기도하며 예배드리며 산 것이 아니다. 소아시아와 유럽 각처를 뛰어다니며 삶의 현장에서 터득한 능력의 비결을 우리에게 알려주고 있다. 그는 이 능력에 대해 이렇게 외치고 있다.

> 내게 능력 주시는 자 안에서 내가 모든 것을 할 수 있느니라(빌 4:13).

바로 이 능력 때문에 바울 사도는 한 그리스도인으로서, 선교사로서, 사도로서 모든 역경을 물리치고 그의 목표를 달성할 수 있었다. 현대에 사는 우리에게도 똑같은 하나님의 능력이 주어져 있다. 그 능력은 우리가 마음대로 휘두를 수 있는 것은 결코 아니다. 그러나 우리가 하나님과 동행할 때 하나님이 끌어주시고 내가 밀고, 내가 끌고 하나님이 밀어주시어 하나님이 원하시는 목표를 달성케 해 주시는 그러한 능력이다. 그래서 우리도 바울 사도처럼 환경과 상관없이 기쁨에 넘치는 참된 생활을 할 수 있게 되는 것이다.

저자: 바울[1]

쓴 장소와 시기: 세 차례에 걸친 아시아와 유럽선교 여행을 마치고 로마에 갇혀 있는 동안(1:7, 13; 4:22) 기록함(AD 62/63).[2]

수신자: 빌립보 교회

이 교회가 세워진 경위는 사도행전 16장에서 잘 언급되었다. 이 교회는 이방인들로 구성되었다.

쓰인 직접적인 정황(情況):

1) 빌립보 교회 교인인 에바브로디도에 대한 소식을 전해주고 빌립보 교인들이 보내준 헌금에 대하여 감사를 표하기 위함 (2:25-30; 4:10-17).
2) 디모데의 방문에 대하여 알리기 위함.
3) 약간의 분파가 생긴 것을 해결하고 교인들을 위로하기 위함.
4) 바울 사도가 처해 있던 상황을 알리기 위함.

주요한 구절들: 1:6, 18, 21; 2:5, 12, 13; 3:8, 14; 4:4, 5, 6, 13

---

1 JAC J. Müller, *The Epistles of Paul To The Philippians and to Philemon,* The New International Commentary on the New Testament (Grand Rapids: Eerdmans, 1980), 14-15. "The Letter itself asserts the authorship of Paul(빌 1:1), and there is nothing in the Letter, linguistic or historical, which can cause any doubt as to its authenticity." 본 서신 자체가 바울 사도의 것이라고 입증한다. 더욱이 본 서신의 언어학적 관점에서나 역사적인 관점에서도 저자의 작품이라는 점을 의심할 근거를 발견할 수 없다(필자역).

2 Müller, *The Epistles of Paul To The Philippians and to Philemon*, 21-28.

사도행전과 그 이후 강조된 주제의 관점에서 본 분류[1]

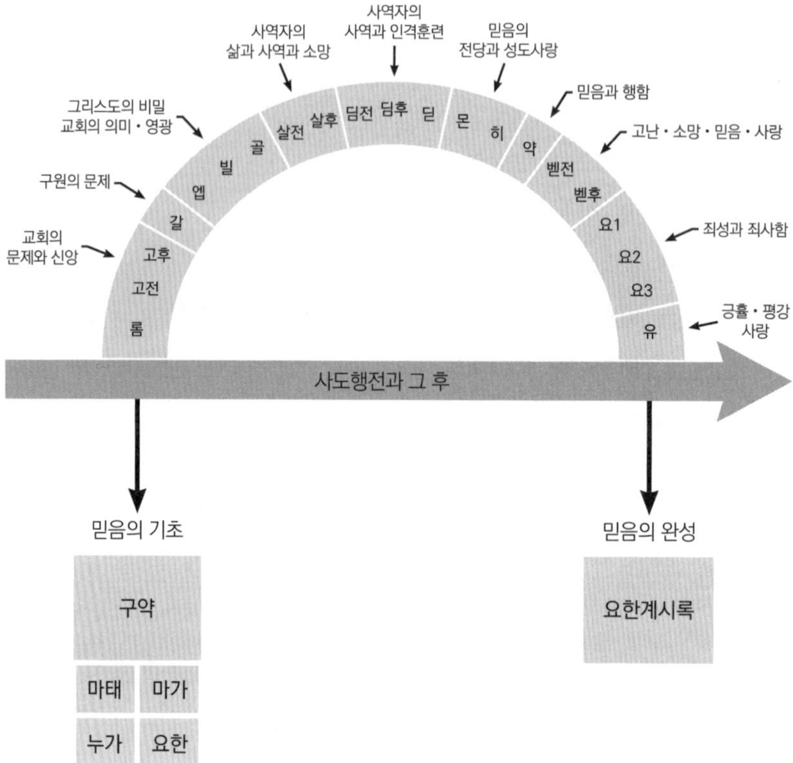

1 누가 선생은 주님께서 승천하신 후 처음으로 교회가 어떻게 탄생했으며(행 2:37-42), 교회가 그들을 어떻게 제자훈련을 시켰으며(행 2:44-47), 그들도 성장하여 선교할 수 있게 양육하였는가에 대한 지침을 제시했다고 볼 수 있다(행 1:8; 20:17-35). 선교가 이뤄진 곳마다 제자들(교인들)의 성장을 위해 자기 생애를 쏟아가며 양육한 것이 또한 좋은 예이다(서신서들과 행 20:18 의 예). 1990 년대에 복음주의 세계를 놀라게 한 '선교적 교회론'과 관련된 여러 논문도 이런 근거 위에 형성된 것이라 본다. 그와 같은 사실을 간단한 도식을 통해 필자가 표현했다.
*** 매 과를 공부할 때마다 그 내용을 확인하고, 선교 대상들(본인 포함)이 어떻게 주님의 제자로서 성장할 수 있는가를 깊이 숙고하기 바란다.**

사도행전과 그 이후에 기록된 서신서의 관점에서 본 분류[2]

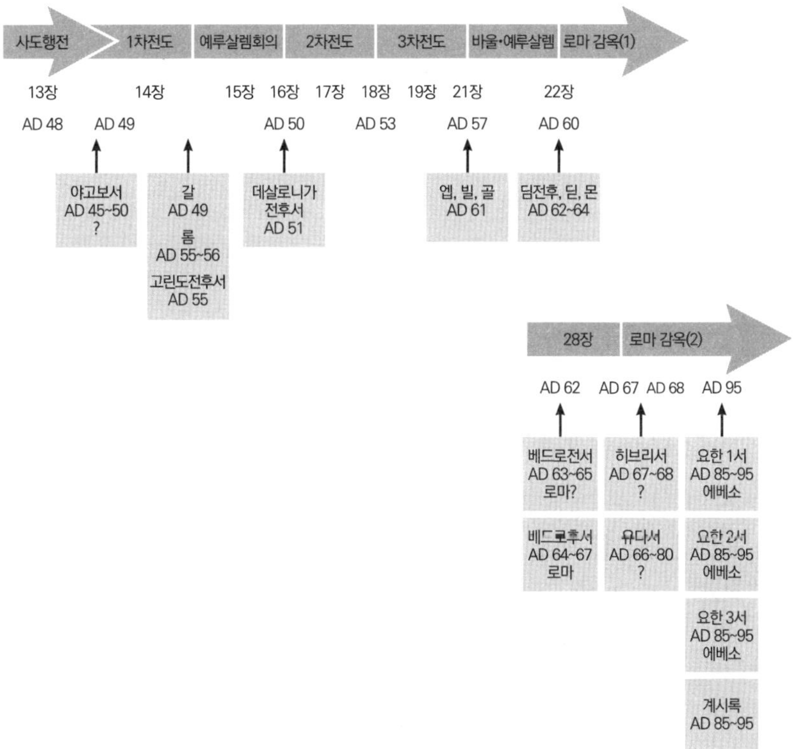

2 교회가 탄생한 후 선교와 제자를 양육하는 것이 병행해서 이뤄진 것을 필자가 도식으로 표현하였다. 특히 에베소서에는 제자도를 위한 원리가 소상하게 나타났다(엡 4:7-16). *** 교회가 본질적으로 선교적이며, 이를 위해 제자도(훈련)가 필연적인 사실임을 나타내 주고 있다는 뜻이다.** 이런 사실은 1990 년대에 일련의 선교학자들에 의해 '선교적 교회론'으로 정립된 바 있다. Patrick Schreiner, "What We Would Be Missing If We Didn't Have the Book of Acts," *Crossway Articles*, January 04, 2022; Book Talks with Patrick Schreiner: The Mission of the Triune God," posted by Matthew Hines, January 25, 2022, https://www.mbts.edu/2022/01/booktalks-with-patrick-schreiner-the-mission-of-the-triune-god; Michael W. Goheen, ed. *Reading the Bible Missionally* (Grand Rapids: Eerdmans, 2016), 27.

1

은혜와 평강(平康)의 원천

빌립보서 1:1-2

묵상할 구절들

그리스도 예수의 종 바울과 디모데는 그리스도 예수 안에서 빌립보에 사는 모든 성도와 또한 감독들과 집사들에게 편지하노니 하나님 우리 아버지와 주 예수 그리스도로부터 은혜와 평강이 너희에게 있을지어다(1:1-2).

이 부분은 1 세기경에 살던 사람이라면 누구나 편지 서두에 아무 생각 없이 쓰는 형식적인 인사말이라는 사실을 쉽게 발견하게 된다. 비록 형식으로 보아서는 1 세기경에 흔히 사용되는 편지체를 활용했다. 인사 내용도 그 당시 흔히 사용하던 발신인, 수신인 및 복을 기원하는 몇 가지가 포함된 것에 불과하다. 하지만 우리는 이 내용 속에서 다음과 같은 중요한 교훈들을 찾아낼 수 있다.

- 발신인을 통해 배울 수 있는 교훈(1:1 상)
- 수신인을 통해 배울 수 있는 교훈(1:1 하)

- 인사 내용을 통해 배울 수 있는 교훈(1:2)

가. 발신인 자신에 대한 소개를 통해서 배울 수 있는 교훈이 있다(1:1 상)

질문 이 말씀을 통해 미루어 볼 때 바울 사도는 주님과의 관계에 있어서 자신의 신분에 대해 어떻게 생각했으며, 이를 통해 우리가 자신들을 어떻게 생각해야 하는가?

....

....

....

....

힌트

바울 사도가 자신을 그리스도 예수의 종이라 할 때 둘로스(δουλος)라는 단어를 사용했다. 이는 바울 사도가 자신의 몸과 영혼이 모두 그리스도께 속한 것임을 나타내는 표현이다. 따라서 바울 사도는 예수 그리스도를 전적으로 순종하고 의지했음을 알 수 있다.

우리가 현재 그리스도의 종이라고 떳떳이 편지 서두에 말할 수 있겠는가? 만일 그렇게 할 수 없다면 그 이유는 무엇일까? 우리가 그리스도의 종이 아니라면 결국 우리는 자신이나, 어떤 사물이나, 돈이나, 섹스나, 명예욕에 종이 되어 있을 가능성이 크다. 우리는 섬길만한 분의 종이 되는 것이 필요하다.

그 섬길만한 분은 천지를 창조하시고, 우리의 영혼과 육신을 창조하시고 우리를 깊이 사랑하시는 하나님과 그 아들 예수 그리스도이시다. 주님을 떠나서는 우리가 아무것도 할 수 없다고 사도 요한은 이렇게 말씀했다.

> 나는 포도나무요 너희는 가지니 그가 내 안에, 내가 그 안에 거하면 사람이 열매를 많이 맺나니 나를 떠나서는 너희가 아무 것도 할 수 없음이라(요 15:5).

나. 수신인에 대한 설명을 통해서 배울 수 있는 교훈들이 있다(1:1 하)

질문 그 당시 교회 내에는 어떤 역할들이 있었으며, 이들은 과연 어떤 신분을 가지고 있었는가에 대해 서로 나누라.

....

....

....

....

힌트

> 수신인은 빌립보에 거주하고 있으면서 동시에 그리스도 안에 있는 모든 성도와 감독들과 집사들이었다. 이들은 한때 모두 죄인들이었으나(롬 3:23) 죄를 회개하고 주님을 믿은 후에는 그리스도 예수 안에 있으므로 성도(聖徒)의 자격을 얻을 수 있었다.[1]
>
> 바울 사도가 빌립보 교회를 개척한 것을 AD 49-52 년경 제 2 차 선교여행 시로 본다면 개척 후 10 여 년이 지나 이 교회에는 감독과 집사와 같은 지도자들이 있었음을 알 수 있다.
>
> 우리는 모두 빌립보 교인들처럼 두 가지의 거주지가 필요하다. 빌립보 교인들은 빌립보라는 한 지역 주소와 예수 그리스도 안이라는 영적 주소를 동시에 갖고 있었다. 우리도 과연 빌립보 교인들처럼 이 땅에서의 현주소와 영적 주소(그리스도 예수 안)를 아울러서 가지고 있다고 확신할 수 있는가 확인해 볼 필요가 있다.

모든 그리스도인은 예수 그리스도의 십자가 공로와 예수께서 우리에게 주신 의(칭의)로 인하여 새 생명을 소유하게 되었다. 이는 우리가 예수 그리스도와 연합을 이룸으로써 새 신분이 주어졌음을 의미한다. 이런 사람들에게는 두 개의 주소가 있다. 바울 사도는 이런 사람들에 대하여 이렇게 말씀했다.

> 그러나 우리의 시민권은 하늘에 있는지라 거기로부터 구원하는 자 곧 주 예수 그리스도를 기다리노니 그는 만물을 자기에게 복종하게 하실 수 있는 자의 역사로 우리의 낮은 몸을 자기 영광의 몸의 형체와 같이 변하게 하시리라(빌 3:20-21).

이 세상 주소만 갖고는 너무 부족하다. 이 세상은 속히 지나가 버릴 것이다. 사도 요한은 이 세상에 대해 이렇게 말씀했다.

> 이 세상도, 그 정욕도 지나가되 오직 하나님의 뜻을 행하는 자는 영원히 거하느니라(요일 2:17).

이 세상에 있으면서도 세상에 속하지 않고 하나님께 속한 사람들은 하나님의 뜻 안에 있고 더 나아가 영원히 사는 사람들이다.

다. 인사 내용이 우리에게 중요한 교훈을 준다(1:2)

질문 우리는 인사 내용을 통해 어떤 교훈을 받을 수 있는가? 이를 자신들의 삶 가운데 어떻게 적용할 것인지에 대해 서로 나누라.

....

....

....

---

1 Ralph P. Martin, *Philippians*, The New Century Bible Commentary (Grand Rapids: Eerdmans, 1976), 61.

힌트

바울 사도는 "은혜와 평강이 너희에게 있을지어다"라고 말씀했다. 그리스도인들이라면 누구든지 부분적으로나마 은혜와 평강의 맛을 보았을 것이다. 또 그리스도인들이 다른 사람을 위하여 줄 수 있는 가장 큰 선물이 있다면 그것은 바로 그리스도 안에 있는 '은혜와 평강'이다. 그러나 이 선물은 그리스도인 자신에게서 나오는 것이 아니다. 그리스도인들은 은혜와 평강으로 인도하는 문의 열쇠들을 갖고 있을 뿐이다. 열기만 하면 은혜와 평강이 강물처럼 흘러나오는 그 원천을 그리스도인들은 알고 있다.

그 원천(源泉)은 다른 분이 아니라 바로 "하나님 아버지와 예수 그리스도"이시다. 그 안에서 나오는 은혜로 수없이 많은 파괴된 영혼들이 구원을 받고 새사람이 되었다. 또 이들이 새사람이 된 후에 생긴 모든 허물도 계속 용서받는 생활을 하고 있다. 이들은 그 안에서 나오는 평강으로 수없이 많은 고통과 난관들과 실패들의 물결 가운데서도 파산(破散)하지 않고 헤쳐 나아가는 용기를 얻는다. 예수님 자신이 이 세상에서의 삶과 십자가의 고난을 통해서 이를 증명하셨다. 그 평강은 언제나 예수님의 곁을 떠나지 않고 예수님을 지켜 주었다. 사도 요한은 바로 이런 평강이 주님의 평강이라 말했고, 우리들도 맘껏 주님 안에서 누릴 수 있다고 다음과 같이 말씀했다.

> 평안을 너희에게 끼치노니 곧 나의 평안을 너희에게 주노라 내가 너희에게 주는 것은 세상이 주는 것과 같지 아니하니라 너희는 마음에 근심하지도 말고 두려워하지도 말라 (요 14:27).

여기서 말씀하고 있는 '은혜와 평강'은 임시방편으로 잠시 누리다가 다 써버리는 이 세상의 것이 아니라, 영원한 것으로 이어지는 것들이다.

우리는 은혜와 평강을 언제 처음 맛보았을까? 지금도 그것을 누리고 있을까? 우리가 다른 사람에게 은혜와 평강을 나누어 준 경험이 있는가? 만일 그런 질문에 대해 우리가 부정적인 답을 할 수밖에 없다면 우리는 처음부터 은혜와 평강의 맛을 보지 못했기 때문이거나, 아니면 비록 그 맛은 보았으나 계속 주님 안에 거하지 못하고 세상 안에 거하기 때문일 가능성이 크다. 이 두 경우 모두 다시 기본으로 돌아가야 한다. 그 기본은 곧 예수 그리스도께서 우리를 위하여 십자가에서 보혈을 흘리셨고 그것이 우리에게 어떤 의미를 주는가를 생각하는 것이다.

여기서 은혜는 받을 자격이 없는 죄인들에게 하나님께서 특별히 베푸시는 호의를 의미한다.[2] 우리가 구원을 받는 것도 하나님께서 은혜를 베푸시기 때문이고 신앙생활도 사실상 은혜로 살아가는 것이다. 원래 은혜는 구약에서 말씀하는 하나님의 긍휼(헤쎄드—하나님의 언약적 사랑, 호의, 친절)과 동일한 뜻이다.[3] 예수께서 우리 죄를 위하여 십자가에서 피를 흘리시고 돌아가신 것은 우리를 향하신 하나님의 사랑에 대한 표현의 극치였다. 죄를 회개하고 주께 돌아와 하나님의 자녀가 된다는 것은 주님의 은혜의 극치를 깨닫기 시작했다는 것을 의미한다.

반면에 평강의 의미는 구약의 '샬롬'(שָׁלוֹם)이라는 단어가 잘 나타내 주고 있다. 샬롬은 우리의 영혼과 몸이 모두 온전하게 되는 것을 의미한다. 이런 것은 먼저 하나님과 죄인 사이에 존재하던 적대감(敵對感)이 하나님의 은혜로 말미암아 없어지게 될 때 우리가 경험할 수 있다. 이런 평강이 우리 마음을 지배할 때 우리는 어려운 일을 당해도 능히 이를 견뎌낼 힘을 얻는다. 누구든지 은혜와 평강에 목마른 자들은 오늘도 "하나님 우리 아버지와 주 예수 그리스도에게"로 나와서 맘껏 마실 수 있다. 알코올 중독자도, 세상 명예의 중독증이 걸린 자도, 섹스 중독자도 이제 진짜 '은혜와 평강'의 생수를 마시고 영원히 만족할 수 있다.

이 과를 마치면서

은혜와 평강의 원천은 우리의 직장도 아니며, 부귀도 아니며, 높은 학벌도 아니다. 그 원천은 살아 계신 하나님 아버지와 하나님과 우리 사이에서 중보의 역할을 하시는 예수 그리스도이시다. 그 후로 우리는 하나님 아버지께 우리 신앙의 뿌리를 내리고 살기 시작하는 것이다. 또 그렇게 사는 사람들은 전 생애를 통해 그 근원으로부터 은혜와 평강을 계속 공급받는 삶을 영원토록 누릴 수 있다. 그것이 곧 영생의 시작이다. 시편 기자는 이런 삶에 대해 오래전에 이렇게 말씀하였다.

> 그는 시냇가에 심은 나무가 철을 따라 열매를 맺으며 그 잎사귀가 마르지 아니함 같으니 그가 하는 모든 일이 다 형통하리로다(시 1:3).

---

2 Homer A. Kent. Jr., A. Rupprecht, and Curtis Vaughan, *Philippinans*, *Colossians*, *Philemon*, The Expositor's Bible Commentary (Grand Rapids: Zondervan, 1982), 104.

3 Martin, *Philippians,* 62.

나의 기도

하나님 아버지, 우리에게 새로운 신분과 이 신분에 걸맞게 감당할 수 있는 사역을 주시고, 이중 국적자로 만들어 주신 것에 대해 한없는 감사와 찬양을 드립니다. 오늘도 메마르고 삭막하고 소망이 없는 이 세상에서 은혜와 평강이 넘치는 생활을 하게 해 주시니 무엇이라 다 감사할 수 없습니다. 오 주여, 그런 은혜와 평강이 없어서 이 세상에서 방황하는 모든 사람이 하루속히 이 소식을 듣고 하나님의 축복을 누리게 해 주시기 간절히 바랍니다. 아멘.

적용하기

1. 우리는 어떻게 해야 바울처럼 주님의 종이 될 수 있는가(1:1 상)?

2. 우리가 그리스도 안에 있다고 확신할 수 있는 방법은 무엇인가(1:1 하)?

3. 우리는 어떻게 해야 계속 은혜와 평강을 누리며 살 수 있는가(1:2)?

2

참된 그리스도인의 표지(標識)

빌립보서 1:3-17

묵상할 구절들

내가 너희를 생각할 때마다 나의 하나님께 감사하며 간구할 때마다 너희 무리를 위하여 기쁨으로 항상 간구함은 너희가 첫날부터 이제까지 복음을 위한 일에 참여하고 있기 때문이라 **너희 안에서 착한 일을 시작하신 이가 그리스도 예수의 날까지 이루실 줄을 우리는 확신하노라**(1:3-6).

내가 기도하노라 너희 사랑을 지식과 모든 총명으로 점점 더 풍성하게 하사 너희로 지극히 선한 것을 분별하며 또 진실하여 허물없이 그리스도의 날까지 이르고 예수 그리스도로 말미암아 의의 열매가 가득하여 하나님의 영광과 찬송이 되기를 원하노라(1:9-11).

형제(자매)들아 내가 당한 일이 도리어 복음 전파에 진전이 된 줄을 너희가 알기를 원하노라 이러므로 나의 매임이 그리스도 안에서 모든 시위대 안과 그 밖의 모든 사람에게 나타났으니 형제 중 다수가 나의 매임으로 말미암아 주 안에서 신뢰함으로 겁 없이 하나님의 말씀을 더욱 담대히 전하게 되었느니라(1:12-14).

그리스도인의 생활은 언제나 장미꽃밭에 서 있는 것 같거나 구름 위에 둥실둥실 떠다니는 것처럼 안락한 것만 있는 것이 아니다. 바울 사도는 평생 주님을 전파했다. 그러나 그는 말년에 감옥에 갇히어 처형될지도 모르는 상황에 부딪히게 되었다. 비록 바울 사도의 외적 상황은 고통스럽고 고생스러웠지만, 내적 상태는 그와 정반대였다. 참된 그리스도인으로서 더욱 차원 높은 믿음 생활을 하려면 자기를 둘러싼 외적 상황이 어떠하든지 내적으로는 최소한 다음과 같은 세 가지를 추구해야 한다.

- 넘치는 감사(1:3-8)
- 타인을 위한 기도(1:9-11)
- 생명과도 바꿀 수 없는 삶의 목적(1:12-18)

가. 넘치는 감사(1:3-8)

바울 사도는 상식적으로 볼 때 감사보다는 불평과 불만과 자기 연민으로 가득 차 있는 생활을 할 수밖에 없는 상황에 처해 있었다. 그는 그리스도를 믿은 후로부터 조금도 변함없이 줄곧 주님께 자신의 생명과 갖고 있었던 것들을 조금도 아끼지 않고 쏟아왔다. 그런데도 이제 나이도 많고 건강도 좋지 않은데 감옥에 갇히는 데까지 이른 것이다. 그러나 그의 생애는 비참하다고 생각하기보다 감사와 다른 사람에 대한 사랑과 확신들로 가득 차 있었다. 그는 이런 사실을 다음과 같이 표현했다.

> 내가 너희를 생각할 때마다 나의 하나님께 감사하며 간구할 때마다 너희 무리를 위하여 기쁨으로 항상 간구함은……(1:3-4).

질문 과연 무엇이 바울 사도를 이렇게 감사하게 하고 있을까? 왜 우리도 항상 감사하는 생활을 해야 하는지 그 이유를 서로 나누라(1:3-5).

힌트

빌립보 교인들은 개척 당시부터 바울 사도와 깊은 관계를 맺었다. 사도행전 16 장에서 우리는 두아디라 성의 자주 옷감 장사 루디아와 간수의 이야기들을 통해서 이 같은 관계를 엿볼 수 있다. 그런 관계는 그 후로도 계속되었다. 바울 사도는 10 여 년에 걸쳐서 빌립보 교인들에 대하여 하나님께 감사드렸고, 항상 위하여 간절히 기도하였다. 아마 복음을 전해보지 않은 사람은 바울 사도가 이토록 감사하는 이유를 다 이해하기 어려울 것이다. 전도자가 복음을 모르는 사람에게 고난을 무릅쓰고 복음을 전한 후 그들이 주 안에서 무럭무럭 자라서 어느덧 자기와 같이 복음을 전하는 데 물심양면으로 협조하는 것을 볼 때 감사한 마음이 넘칠 수밖에 없다.

더욱 감사할 것은 전에는 그리스도 밖에 있었으므로 교제가 전혀 되지 않았으나, 이제는 교제할 수 있기 때문이다. 교제는 바울 사도가 즐겨 사용한 단어이다. 이 말은 현 문맥 가운데서 몇 가지를 의미할 수 있다. 첫째, 바울 사도가 가진 신앙에 동참하는 것을 의미할 수 있다. 둘째, 바울 사도가 복음 전하는 일을 경제적으로 후원함으로써 도운 것을 의미할 수 있다. 특히 4:15 은 이런 의미를 잘 뒷받침해 주고 있다. 그러나 분명히 여기서는 좀 더 넓은 의미로 쓰였을 것이다. 그들이 바울 사도의 신앙을 함께 갖게 된 것은 물론이고, 더 나아가서 바울 사도가 복음을 전한 때부터 계속하여 관심을 표명하고 자주 물질적으로 도운 일을 통틀어서 '복음 안에서 갖는 교제'라고 했을 것이다. 이는 현대 교인들이 모여서 속마음의 변화와 복음 전파에 대해서는 아무런 관심도 없이 차나 나누는 정도의 친교와는 너무나 다른 개념이다.

서로 교제하며 복음을 전파할 때 우리는 감사하는 삶을 살 수 있다. 우리의 교제가 성경적인 교제가 되기 위해서는 끼리끼리 모여서 자신들의 상처나 치유 받고 끝나는 것이 되어서는 안 된다. 물론 이런 것도 중요한 것은 사실이다. 하지만 성경에서 교제란 더 깊고 큰 의미가 있다. 궁극적으로 성경적인 교제란 하나님께서 깊은 사랑으로 독생자를 보내신 것처럼 세상 모든 족속들의 치유를 위해서 자신들을 쏟아주는 가운데 서로 돕고 서로 사랑하는 것이어야 한다. 이처럼 봉사와 선교가 그 목적인 교제는 우리 자신에게도 치유와 만족과 감사하는 마음이 가득 차게 해 준다.

질문 우리는 과연 어떤 때에 진심으로 하나님께 감사할 수 있는가? 이에 대해 자신들이 경험한 것을 한 가지씩 나누라(1:6).

힌트

하나님께서 역사하시는 것을 목격할 때 우리는 감사하는 삶을 살 수 있다. 하나님께서 빌립보 교인들 속에 착한 일을 시작하신 때가 있었다. 바울 사도는 이제 그 일이 그리스도 예수의 날까지 계속될 것을 확신했다.

그리스도 예수의 날을 다른 곳에서는 주의 날(살전 5:2)이라는 표현을 쓰기도 했다. 구약에서는 '여호와의 날' 또는 '그 날' 등으로 표현했다. 이것들은 대개 종말, 즉 심판 때를 가리킨다. 심판 때가 와도 구원을 받은 자들은 안전하다고 성경은 말씀하고 있다(요 5:24). 여기서 말씀한 대로 복음을 들은 첫날부터 심판 날까지 우리를 보호하시는 분은 분명히 하나님이시다. 그분이 주역이시다. 우리는 어디까지나 조역들이다. 이처럼 신앙생활은 하나님이 시작하시고, 하나님께서 완성하시는 것임을 알 수 있다. 이런 사실을 깨달을 때 우리는 안심할 수 있고, 한없이 깊으신 하나님의 지혜에 대하여 감사하지 않을 수 없다.

하지만 우리는 우리가 해야 할 역할도 잘 감당해야 한다. 비록 신앙생활은 하나님께서 모두 이루어 주실 것이 분명하나, 우리가 아무것도 하지 않아도 괜찮다는 말은 아니다. 오히려 그 반대가 맞을 것이다. 이 점에 있어서 칼뱅은 우리에게 좋은 교훈을 주고 있다.

칼뱅은 우리가 전적으로 타락하였으므로 우리 힘으로는 아무리 해도 하나님을 기쁘게 해 드릴 수 없다고 주장한다. 그러나 동시에 인간이 아무 노력도 하지 않아도 된다고 말하지 않는다. 오히려 칼뱅은 우리가 더 열심히 우리의 할 일을 해야 한다고 주장한다. 즉, 우리는 하나님과 동역자가 되어 하나님과 협력하여 선한 열매를 맺어야 한다는 말이다.

얼마나 좋은 조건인가. 우리가 구원받은 첫날부터 시작하여 심판 날까지 하나님께서 역사하시는 가운데 최선을 다하여 살아볼 기회가 우리에게 온 것이다. 이슬람교와 같은 타 종교에서는 자신이 어떻게 사는가에 따라서 자신의 운명이 좌우된다. 인생을 살아본 사람이라면 이것이 얼마나 불리한 조건인지 확실히 알 것이다. 우리 힘만으로는 온전한 삶을 살 수 없다. 그러나 우리는 이런 불가능한 싸움을 싸울 필요가 없다. 이미 승리하셨고, 승리를 향해 가고 계신 주님과 동행하며 최선을 다하여 하나님을 섬기면 된다. 하나님의 일에 참여할 수 있다는 것이 곧 우리가 항상 감사하는 진정한 이유이다.

나. 타인을 위한 기도(1:9-11)

잘못하면 우리의 기도가 목적도 없고 응답도 없는 '주시옵소서'의 공전(空轉)으로 끝날 수 있다. 우리는 바울 사도의 기도 내용을 보며 기도의 방향성과 내용에 대하여 배울 수 있다.

질문 우리가 진심으로 기도해야 할 제목들은 어떤 것들인가(1:9-10)?

....

....

....

힌트

우리의 신앙생활이 더욱 깊은 차원으로 갈 수 있도록 기도하자. 바울 사도는 빌립보 교인들을 위하여 기도할 때 하고많은 것 중에서 유독 사랑이 넘치게 해달라고 기도했을까? 그 이유는 아마도 그리스도인들에게 있어서 사랑이 가장 중요하기 때문일 것이다. 그리스도인에게 있어서 사랑이란 단순한 감정이 아니라 구체적인 실천이다. 따라서 사랑이 있는 사람에게는 상대방에게 무엇이 부족한가를 알아내는 지혜와 어떻게 하면 서로 유익을 줄 것인가를 결정하는 분별력이 따르게 마련이다. 이런 사랑의 결실은 최소한 두 가지로 나타날 수 있다.

첫째, 상대방에게 가장 큰 유익이 될 수 있는 것을 찾아내어 실천한다. 둘째, 주님이 오실 날까지 진실하고 허물이 없는 인격을 소유하도록 서로 노력한다. 여기서 사랑(1:9)은 그 문맥상으로 보아 그리스도인들 사이에 오가는 사랑으로 보인다.[1] 하지만 꼭 그렇게 한정 지을 필요는 없다. 일반적인 하나님의 사랑을 말하되 성도들에게 어떻게 표현되는가를 보는 것이 더 타당하다.

이 사랑은 하나님의 선물로 우리에게 주어진 것이기도 하다(갈 5:22). 그런 사랑은 단순한 감정이 아니라 지적인 요소와 분별력을 동반하게 된다. 따라서 사랑은 하나님께서 조건 없이 주는 것임에는 틀림이 없으나, 도덕성이 없는 것으로 보거나 분별력을 망각하고 주는 것으로 오해해서는 안 된다. 오히려 지극히 선한 것이 무엇인가 분별하여 이를 실천하는 것을 의미한다.

고린도전서 13:1-3 에서는 이 사랑을 다른 덕목(德目)들을 사용하는 데 없어서는 안 될 요소로 보고 있다.[2] 이를 바꾸어 말하면, 우리가 참으로 사랑하기 위해서는 올바른 판단력과 진정성과 허물없는 인격도 요구된다. 부부 사이에 있어서, 교인들 간에, 직장 동료 간에 이런 사랑이 과거 어느 때보다 더욱 절실히 필요하다. 그러므로 우리는 무엇보다도 먼저 우리에게 그런 사랑을 달라고 기도해야 한다. 현대 사회가 가장 필요로 하는 세대 간의 갈등 해소도, 고용인과 고용주 간의 문제도, 부자와 가난한 자의 문제도 다 이와 같은 사랑이 근본적인 해결책이다.

질문 당신은 지금 자신이 가진 사랑의 용량에 대하여 만족하고 있는가? 그 이유는 무엇인가(1:11)?

....

....

....

....

---

1 Martin, *Philippians,* 68.

2 Kent, Rupprecht, and Vaughan, *Philippinans*, *Colossians*, *Philemon*, 108.

힌트

우리 신앙생활이 더욱 좋은 열매를 맺을 수 있도록 기도하자. 지금도 그리스도인들은 교회 안의 생활과 교회 밖의 생활이 현저하게 다르게 나타날 수 있다. 우리가 드릴 수 있는 가장 시급한 기도 내용이 여기 있다. 이는 우리 생활 중에 의의 열매가 교회 내에서나 교회 밖에서 가득히 맺혀 하나님께 영광과 찬송이 되기 위한 것이다. 여기서 의의 열매는 두 가지로 해석할 수 있다. 첫째, 하나님과 우리의 관계가 그리스도의 은혜로 올바르게 되는 것을 의미할 수 있다. 둘째, 하나님과 올바른 관계를 맺은 사람이 그의 생활 가운데서 맺는 도덕적인 결실들을 의미할 수 있다. 여기서는 그 문맥상으로 보아 둘째 의미가 더 타당하다. 모든 그리스도인은 주님의 도우심으로 말미암아 도덕적으로 의로운 생활을 해야 마땅하다. 오직 이런 생활만이 하나님께 영광과 찬송이 될 수 있다.

도덕적인 문제에 관한 한 그리스도인들은 청렴결백해야 한다. 물론 그리스도인들도 인간이기 때문에 실수할 수도 있고, 쓰러질 수 있다. 하지만 그런 죄를 반드시 회개해야 하며, 참된 그리스도인이라면 그런 죄를 습관적으로 범하는 것은 결코 있어서는 안 된다. 만일 누가 그리스도인이라고 주장하면서 계속 비도덕적인 생활을 한다면 그런 사람은 아직 진정한 그리스도인이 아닐 것이라고 사도 요한은 주장했다(요일 3:6-9).

다. 생명과도 바꿀 수 없는 삶의 목적(1:12-18)

여기서는 그리스도를 전파하는 것이 그 무엇보다 중요하다(1:18)는 메시지가 너무나 강력하게 나타나 있다. 바울 사도는 복음 전파를 그 생의 목적으로 삼았던 것이 분명하다. 우리에게 있어서도 복음 전파는 최고로 중요한 소명이다. 이는 단지 목사님이나 전도사님이나 선교사님들만의 관심사가 아니다. 모든 그리스도인은 복음을 전파할 책임이 있다.

질문 우리는 어떤 자세로 복음을 전파해야 하는가?

힌트

복음 전파는 그리스도인에게 있어서 무엇보다 중요하다. 심지어 우리의 기본적인 안전보다도 더 중요하다(1:12-14). 바울 사도는 복음 전파를 위하여 로마 감옥에 갇히게 되었다. 그가 감옥에 갇히게 되었음에도 그의 관심은 자신의 안전이나 명예에 있지 않았다. 그의 관심은 오로지 복음이 전파되는 데 있었다.

그의 관심은 첫째, 복음을 전하기 힘든 엘리트 중에서도 엘리트 군인이었던 황제 호위병들에게 복음을 전하는 데 있었다. 둘째, 겁을 먹었던 사람들이 고난을 받으면서도 굽히지 않았던 바울 사도를 통해 용기를 내어 복음을 받아들이길 바랬다. 만일 세계의 지상명령을 순종할 힘이 있는 약 7 억의 그리스도인이 이런 심정을 갖고 있다면 세계 복음화를 앞당길 수 있을 것이며 따라서 주님의 재림도 그만큼 앞당길 수 있을 것이다.

복음 전파는 우리의 기본적 감정보다 더 중요하다(1:15-17). 인간이라면 누구든지 자신을 모함하는 사람에 대하여 혐오감을 느끼게 마련이다. 그러나 바울 사도는 달랐다. 복음 전파가 너무나 큰 목표였기 때문에 다른 사람이 자신을 괴롭게 할 목적으로 하는 일까지도 그 결과가 복음 전파에 도움이 되는 것이라면 기꺼이 용납했다. 이는 현대 그리스도인들과 얼마나 다른 태도인가. 현대 교회가 분리되는 중요한 이유는 성경적 근거보다는 자신들의 문화나 감정 때문이라는 사실을 생각해 볼 때 바울 사도의 이와 같은 태도는 우리에게 큰 도전이 된다. 우리도 자신이 어떤 대접을 받는가 혹은 어떤 명예를 얻는가에 관심을 두기보다 복음을 전파하는 데 더 관심을 가져야 하겠다.

이 과를 마치면서

그리스도인들은 세상 사람들과 무엇이 달라도 달라야 한다. 그중의 하나가 복음 안에서 맺어진 영구적인 관계이다. 복음을 듣고 구원을 받은 사람은 즉시 하나님의 백성이 되고, 이들 사이에는 참된 교제가 이뤄지는 것이 정상이다. 성경에서 그런 교제는 서로 생명을 쏟아 줄 정도의 그 깊이로 묘사되기도 했다(행 2:42-47). 구원을 받았으나 성도 간에 그런 교제의 맛을 전혀 보지 못했다면 그 사람은 얕은 차원의 신앙생활만 하고 있거나, 아니면 아직 하나님의 나라의 깊은 가치를 경험하지 못한 사람일 것이다. 하나님과의 교제는 그처럼 성도 간의 교제로 이어지는 것이 순리이다. 그런 교제는 삼위일체 하나님의 각위(各位) 사이에서 이뤄지는 교제를 본받은 것이기도 하다.

만일 교회마다 이런 성도의 교제가 이뤄진다면 반드시 세상의 빛과 소금의 역할도 충분히 해내는 공동체가 될 것이다. 그 이유는 그와 같은 교제 속에서 사랑이 오가게 되며, 그 결과 영적 능력도 나타나게 되기 때문이다. 그런 교제를 바탕으로 서로의 성장을 위한 기도도 하게 되고, 그 결과 무엇과도 바꿀 수 없는 복음을 온 세상에 전파하게 된다. 하루속히 이런 역사가 교회 교회마다 이뤄지기를 간절히 바라 마지않는다.

나의 기도

하나님 아버지, 빌립보 교인들을 향해 바울 사도가 얼마나 깊은 애정을 가지고 자신의 모든 것을 나눠 주었는지를 생각할 때 우리는 부끄러울 뿐입니다. 희생하기보다 자신만을 위해 움켜쥐고 다른 성도들에게는 나눠 주지 못했다는 생각 때문에 부끄러움을 금할 수 없습니다. 이런 교제가 하루속히 모든 교회마다 이뤄지게 해 주시기 간절히 바랍니다. 선교사들도, 목회자들도 또 성도 간에도 이런 교제가 이뤄지고, 이로써 서로의 성숙을 위한 기도가 드려지게 하시고, 복음이 세상 모든 족속에게 전파되는 일이 곳곳에서 일어나게 해 주시기 바랍니다. 아멘.

적용하기

1. 성도 간의 교제에 대하여 경험한 것들을 서로 나누라(1:5).

2. 만일 하나님께서 우리의 신앙생활을 시작하게 하시고, 또 친히 다 이루신다면 사람이 할 수 있는 역할은 무엇이겠는가(1:6)?

3. 우리가 어떻게 정상적으로 다른 사람들을 사랑할 수 있는가(1:9)?

4. 우리에게 복음을 전파하는 것은 어느 정도 중요한 일인가(1:12-14, 16-18)?

3

생명을 드려도 아깝지 않은 것

빌립보서 1:18-30

묵상할 구절들

그러면 무엇이냐 겉치레로 하나 참으로 하나 무슨 방도로 하든지 전파되는 것은 그리스도니 이로써 나는 기뻐하고 또한 기뻐하리라 이것이 너희의 간구와 예수 그리스도의 성령의 도우심으로 나를 구원에 이르게 할 줄 아는 고로 나의 간절한 기대와 소망을 따라 아무 일에든지 부끄러워하지 아니하고 지금도 전과 같이 온전히 담대하여 살든지 죽든지 내 몸에서 그리스도가 존귀하게 되게 하려 하나니 이는 내게 사는 것이 그리스도니 죽는 것도 유익함이니라(1:18-21).

내가 살 것과 너희 믿음의 진보와 기쁨을 위하여 너희 무리와 함께 거할 이것을 확실히 아노니 내가 다시 너희와 같이 있음으로 그리스도 예수 안에서 너희 자랑이 나로 말미암아 풍성하게 하려 함이라(1:25-26).

그리스도를 위하여 너희에게 은혜를 주신 것은 다만 그를 믿을 뿐 아니라 또한 그를 위하여 고난도 받게 하심이라 너희에게도 그와 같은 싸움이 있으니 너희가 내 안에서 본 바요 이제도 내 안에서 듣는 바니라(1:29-30).

한여름에 있었던 일이다. 멱을 감다가 갑자기 내린 폭우로 말미암아 익사한 어린 아들의 시체를 안고 몸부림치는 아버지를 목격했던 일이 있다. 그 아버지는 자기 아들의 호흡이 이미 끊어졌음에도 불구하고 혹시나 하고 병원으로 미친 듯이 뛰어가고 있었다. 생명이란 누구에게나 귀중하다. 서구 사람의 것이든, 비서구 사람의 것이든 상관없이 생명은 귀중하다. 그런 귀중한 생명과 바꿔도 아깝지 않은 것이란 이 세상에서 그리 많지 않다. 정상적인 사람이라면 재산이나 명예나 쾌락을 자신의 생명과는 바꾸지 않는다. 하지만 만일 누가 자신의 생명을 주어도 아깝지 않은 그 무엇을 발견했다면 그는 틀림없이 행복한 사람일 것이다.

우리에게 생명을 내어줄 수 있는 조건이란 첫째, 순간적인 것이 아니라 영원한 가치가 있는 것이어야 한다. 둘째, 현 세상에서도 우리에게 그렇게 할 만큼 의미를 부여하는 것이어야 한다. 비록 피부로 느끼기에는 현재에 우리에게 유익을 주는 것이 중요할지 몰라도, 더 중요한 것은 영원한 것들이다. 바울 사도는 자신의 생명을 다 바쳐도 아깝지 않은 대상을 발견했다. 그분은 바로 바울 사도 자신을 구원하시고, 누구든지 그에게로 나아오는 사람들을 구원해 주시는 예수 그리스도였다. 그래서 그는 이렇게 외쳤다.

이는 내게 사는 것이 그리스도니 죽는 것도 유익함이니라(1:21).

바울 사도는 그리스도를 위하여 자신의 생명을 버릴 수도 있고, 또 살 수도 있었다. 주님은 바울 사도에게 생의 목적을 주시는 분이셨다.

당신은 과연 자신의 생명을 다 바쳐도 아깝지 않은 인생의 목적을 위해 살고 있는가? 아니면 먹고, 마시고, 자고, 일하고, 놀고, 즐기는 것 이상의 목적을 갖지 못하고 끝나 버리는 삶을 살고 있는가? 인간이라면 자신이 어디서 왔으며, 누가 창조했으며, 왜 존재하며, 무엇을 위해서 살아야 하는지 한 번쯤 생각해 보아야 할 필요가 있다. 그리스도를 위하여 사는 것이 생의 목적인 사람은 다음과 같은 축복을 기대할 수 있다.

- 환경을 초월한 기쁨(1:18)
- 그리스도를 증거하는 데서부터 오는 만족(1:19-22)
- 타인을 위한 삶이 주는 보람(1:23-26)
- 더 깊은 충고가 주는 혜택(1:27-30)

가. 환경을 초월한 기쁨(1:18)

질문 바울 사도의 기쁨의 근원은 어떤 것이었는가? 당신은 어떤 것을 통해 기쁨을 누리는가?

힌트

대개 자신을 위하여 사는 사람들은 자신의 필요를 너무 크게 확대하는 경향이 있다. 이 사람들은 자신의 욕구, 자존심, 명예욕, 인정받고 싶은 마음 등을 원래 하나님께서 의도하신 것보다 더 확대하는 결과를 초래하게 한다. 이런 경우 자신의 이상이 채워지지 않는다고 생각이 들 때 다음과 같은 몇 가지 위험성이 따르게 된다.

첫째, 자신의 감정이 쉽게 상하게 된다. 둘째, 욕구불만증에 빠지기 쉽다. 이런 상태에서는 진정한 기쁨을 누리는 생활을 할 수 없다.

바울 사도는 누가 자신을 아무리 괴롭히려고 해도 주님을 증거하는 것을 포기하지 않았다(1:15, 17). 이는 그가 자신의 필요를 채우는 데 급급하지 않고, 오히려 그리스도를 전파하려 했기 때문이다. 자신은 이미 그리스도와 함께 십자가에 못 박혔고, 이제 그가 사는 것은 그리스도를 의지하고 그리스도를 나타내기 위해서이기 때문에 어느 누가 자신을 공격해도 그의 의지를 꺾지 못했다. 바울과 같은 사람은 상대방이 내게 어떻게 해 주는가에 따라서 그 행동과 마음이 달라지는 삶을 살지 않는다. 오히려 자기 자신을 다스리는 생활을 하게 된다. 그리고 항상 주님을 위해 살 수 있는 그 자체로 인해 기쁨을 누리게 된다.

나. 그리스도를 증거하는 데에서 오는 만족(1:19-22)

질문 바울 사도는 그리스도에 대해 어떤 태도를 보였는가? 바울 사도는 또한 그리스도를 증거하는 사람에게는 어떤 유익이 따르게 된다고 말씀하였는가? 이를 통해 우리는 어떤 교훈을 얻을 수 있는가?

힌트

생명보다 더 귀한 것을 얻을 수 있다. 바울 사도는 그리스도를 자신의 생명보다 더 귀하게 여긴 사람이었다. 골로새서에서는 그리스도를 그의 생명이라고 말씀했다.

우리 생명이신 그리스도께서……(골 3:4).

갈라디아서와 로마서에서는 옛 사람이 그리스도와 함께 못 박혀 죽었고 새 사람이 그리스도와 함께 연합되었다고 했다(갈 2:20; 롬 6:14). 고린도후서에서 자신은 보배이신 그리스도를 담는 질그릇에 지나지 않는다고 했다.

우리가 이 보배를 질그릇에 가졌으니……(고후 4:7).

그리스도가 존귀케 될 수 있을 것이다. 자나 깨나 바울 사도는 그리스도가 자신의 생애를 통하여 존귀케 되기를 고대했다. 자신의 삶으로 그리스도가 존귀케 되기를 소망했을 뿐 아니라 만일 자신이 죽음으로써 그리스도가 존귀케 된다면 자신의 생명을 드리는 것도 불사하겠다고 외쳤다(1:21-22). 그리스도를 향한 헌신된 마음은 바울 사도만 가질 수 있는 것은 아니다. 이는 주님을 믿는 모든 사람들이 가져야 하는 태도이다. 우리는 우리 힘만으로는 바울 사도와 같이 순전히 그리스도를 위한 삶을 살 수 없다. 우리가 어떻게 하든지 그리스도를 증거하고자 하는 마음으로 가득 차 있을 때 최소한 다음과 같은 도움을 받을 수 있다. 또 그렇게 사는 사람들은 하나님께로부터 오는 다음과 같은 도우심을 받을 뿐만 아니라, 영혼의 만족도 함께 누릴 수 있다.

① 기도를 통한 능력을 기대할 수 있다(1:19 상).

그리스도인들에게 있어서 말씀의 능력과 성령님의 도우심과 함께 가장 큰 영적 무기는 뭐니 뭐니 해도 기도이다. 이 기도는 자신이 직접 드리는 것이 있고, 또 타인이 나를 위하여 드리는 것도 있다. 본문에서 바울 사도는 빌립보 교인들의 기도가 그에게 큰 도움이 되는 것을 확신했다. 이런 능력을 경험한 사람이라면 이 세상에서 그 어떤 다른 것과도 이런 특권을 바꾸지 않을 뿐만 아니라 만족해할 것이다.

② 보혜사 성령님의 도우심을 기대할 수 있다(1:19 하).

바울 사도는 "성령의 도우심으로 나를 구원에 이르게 할 줄 아는 고로"라고 말했다. 그리스도인에게 있어서 성령님의 도우심보다 더 중요한 것은 없을 것이다. 그 누구도 성령님의 도우심이 없이는 현대 사회에서 한시라도 그리스도인의 생활을 지탱할 수 없다. 선교사는 선교사대로, 교역자는 교역자대로, 주부는 주부대로, 회사원은 회사원대로, 학생은 학생대로, 사업가는 사업가대로, 공무원은 공무원대로, 고용인은 고용인대로, 고용주는 고용주대로 성령님의 도우심이 있을 때 환경을 초월해서 기쁨과 소망을 갖고 살 수 있다. 바울 사도의 경우가 좋은 예이다. 그에게는 기도의 지원과 성령님의 도우심이 있었으므로 로마 옥중에서도 구원(이 경우 석방을 의미했을 것)받을 소망을 잃지 않았다.

요한복음 14:16에서 제자들은 예수님께서 십자가에 못 박혀 죽으실 것이라는 사실을 알고 절망 가운데 빠져 있었다. 이때 예수님께서는 "또 다른 보혜사"를 보내실 것을 약속하심으로써 제자들의 우려를 진정시키셨다. 여기서 또 다른 보혜사라고 한 것은 성령님이 예수님과 본질적으로 다르시다는 뜻이 아니다. 예수님과 성령님은 다른 면이 있기는 하다. 일례로 예수님은 몸을 가지셨으나, 성령님은 영이신 것과 같은 것이다. 그런데도 성령님은 예수님과 같은 하나님이시며 삼위일체 중에 한 위(位)이시다. 다시 말해서 성령님은 열두 제자들이 경험했던 예수님과 본질적으로 다른 분이 아니시다. 그때 예수님께서 열두 제자들을 돌보시고 인도하셨듯이 지금도 성령님께서 우리를 인도하고 도우신다. 여기서 바울 사도는 성령의 도우심을 통해 자신이 구원에 이르게 될 것을 기대했다.

③ 영구적인 평안과 만족이 있을 것이다(1:19 하).

원래 구원의 의미는 최소한 다음 세 가지로 볼 수 있다. 첫째, 세속적인 의미이다. 물에 빠진 사람을 건졌을 때 구원했다고 할 수 있다(마 14:30). 둘째, 거듭나는 의미로 쓰인 경우이다. 사도행전

16:31 에서 바로 그런 의미로 쓰였다. 이는 죄와 죄의 형벌로부터 해방되고, 하나님의 의와 새 생명을 얻는 것을 의미한다. 셋째, 궁극적인 의미로 쓰였다. 이는 지금처럼 우리가 영적으로만 구원받는 것이 아니라, 육신까지 완전케 되는 것을 의미한다. 빌립보서 1:19에 나오는 구원의 의미는 감옥에서 건져지는 것을 말했으므로 첫째 경우와 같을 것으로 생각한다. 우리가 성령님의 도우심을 받고 산다는 확신이 있을 때 우리는 감옥에 있든지, 감옥에서 건져지든지 늘 하나님이 주시는 참 평안과 만족을 누리며 살 수 있다.

④ 담대함을 기대할 수 있다(1:20).

여기서 말씀하고 있는 담대함은 그리스도를 존귀케 하기 위해 갖는 용기를 의미한다. 바울 사도는 자기 생명이 위태로워도 두려워할 줄 모르는 담대함을 어디서 공급받았을까? 틀림없이 바울 사도 속에서 역사하시는 분이 바로 그런 담대함을 주셨을 것이다. 성령이 충만한 사람들에게는 담대함이 있다. 진리를 아는 사람들에게도 같은 담대함이 있다. 우리도 성령에 충만하고 진리대로 살 때 바울 사도와 같은 담대함을 누리며 살 수 있다. 또 이런 담대함이 있는 사람들은 이 세상에서 어떤 어려운 일을 당하든지 참 자유를 누리며 하나님의 뜻대로 살아가는 경험을 하게 된다. 또한 마음 가장 깊은 곳에서부터 샘솟듯 흘러나오는 평안과 만족을 누리게 된다.

다. 타인을 위한 삶이 주는 보람(1:23-26)

질문 우리는 바울 사도의 삶을 통해 우리가 살아야 할 라이프 스타일(life-style)에 관해 어떤 교훈을 받을 수 있는가? 우리가 교회와 선교지와 세상에서 이런 삶을 살 때 어떤 결과를 기대할 수 있는가에 대해 서로 나누라.

힌트

예수님께서는 "주는 것이 받는 것보다 복이 있다"(행 20:35)라고 말씀하셨고, 또 실제로 자신의 생명을 "많은 사람의 대속물"로 주셨다(막 10:45). 바울 사도도 그런 삶을 살았음을 다음 사실을 통해 알 수 있다.

> 우리가 이같이 너희를 사모하여 하나님의 복음뿐 아니라 우리 목숨까지도 너희에게 주기를 기뻐함은 너희가 우리의 사랑하는 자 됨이라(살전 2:8).[1]

아마 현대 사회에서 이런 식으로 사는 사람은 어리석은 사람으로 낙인찍히기가 쉬울 것이다. 그래서 대부분 사람은 그 반대로 이기적인 생활을 한다. 자신을 위해 돈 벌고, 자신을 위해 공부하고, 자신을 위해 봉사도 하고, 자신을 위해 신앙생활도 한다.

그러나 진리는 다수결로만 판명되는 것이 아니다. 진리는 진리이기 때문에 진리이다. 이 경우 비록 소수가 좇는 생활양식이라고 해도 올바로 사는 삶이면 진리를 좇는 삶인 것처럼 말이다. 그 반대로 사는 사람은 비록 다수라고 할지라도 진리대로 사는 것이 아니다. 바울 사도는 본문에서 이렇게 외친다. 나는 비록 지금 당장 천국에 가기를 원하나 지상에 머무르는 것이 너희에게 유익을 준다면 나는 천국 가는 것을 보류하겠다! 그리스도인의 삶의 극치는 첫째로 하나님께 영광 돌리고, 둘째로 다른 사람에게 유익을 끼치는 것이다.

---

1 데살로니가전서 2 장에서 바울 사도는 어린아이를 향한 유모의 역할(살전 2:7)과 아비의 역할(살전 2:11)을 각각 비유로 사용하여 하나님께서 우리를 얼마나 사랑하시며 어떻게 양육하시는가에 대해 언급했다. 이는 어떤 비유보다도 깊이 있게 하나님의 사랑과 돌보심을 나타내는 부분이라고 필자는 학생단체에서 사역하면서 깨달은 부분임을 밝힌다. 따라서 데살로니가전서에 대한 성경공부 교재를 집필하면서 그 책 제목을 『모범적인 사역자가 되려면』이라고 붙였다. 실로 하나님께서는 우리를 향해 한없는 사랑과 돌보심을 베풀어 주신다는 사실이 성경말씀 곳곳에 기록되었다.

질문 그리스도의 삶과 바울 사도의 삶을 묵상하며 당신도 타인을 위한 삶을 살 수 있도록 주님께 기도하라. 이런 기도 제목은 하루 이틀에 이루어지지 않는다는 것을 알고 이루어질 때까지 계속 기도할 것을 결심하라.

....

....

....

....

라. 더 깊은 충고가 주는 혜택(1:27-30)

질문 바울 사도는 빌립보 교인(감독과 집사와 모든 교인들)을 향해 어떤 충고를 하였는가? 우리는 이를 어떻게 우리 생활 가운데 적용해야 하는가?

....

....

....

....

힌트

> 부모들은 대개 어린아이에게는 그 아이가 이해할 수 있는 말만 한다. 그 어린아이가 커감에 따라 부모들은 더 많은 깊은 이야기들을 해 줄 수 있다. 마찬가지로, 우리 신앙이 깊어 가면 갈수록 하나님께서 우리에게 해 주실 수 있는 말도 깊어지게 마련이다. 가령 영적으로 성숙하지 못한 사람이 있다고 하자. 그는 무슨 제안을 받게 되었을 때 틀림없이 투정하고 실천도 하지 못하면서 이를 헐뜯

기만 할 것이다. 반면에 성숙한 사람일수록 구체적인 명령을 받게 되면 한없이 기쁘고 이를 실천하려는 의욕이 넘쳐흐르게 될 것이다. 다음은 이런 건전한 신앙인들이 실천해야 할 구체적 권고들이다.

- 복음에 합당한 생활을 하라(1:27-28).
- 그리스도를 위하여 필요한 때에는 고난도 받아라(1:29).
- 어떤 악한 세력들에게도 굴복하지 말라(1:30).

우리가 그런 권고대로 충성스럽게 실천하려고 할 때 하나님께서는 우리에게 여러모로 힘을 주신다. 첫째, 크리스천들의 교제를 통해 오는 도움이 있다. 그리스도인들이 사랑 가운데 서로 협력할 때 상상할 수 없는 힘을 얻을 수 있다(1:27 하). 둘째, 하나님의 공의가 나타나는 것을 통하여 힘을 얻을 수 있다. 세상 사람들 눈에는 공의가 없는 것처럼 보일지도 모른다. 특히 구원을 거부하는 자들이 버젓이 잘 사는 것을 볼 때 더욱 그런 생각이 들 수 있다. 그러나 바울 사도는 그와 정반대로 말씀하고 있다. 복음을 대적하는 사람들에게는 하나님으로부터 이미 멸망의 증거가 주어졌다고 했다(1:28). 하나님의 공의가 존재한다는 사실은 복음을 위하여 열심히 희생하는 사람들에게 지금도 큰 힘이 된다. 셋째, 우리는 하나님의 은혜를 체험할 때마다 새 힘을 얻는다(1:29). 죄의 유혹에 실패하고 쓰러진 사람도, 주님의 뜻대로 하루를 기도로 시작하여 기도로 마치지 못한 사람도, 남편을 직장에 보내 놓고 온종일 시달리다 보니 제대로 남편을 위해 기도하지 못한 주부도, 선교지에서 사역의 결실이 없어서 전전긍긍하며 갈등할 때에도 우리가 주님의 은혜의 샘물에서 마실 때 무한한 위로와 능력을 체험하게 된다.

이 과를 마치면서

우리의 생명은 무엇에든지 아니면 누구에게든지 바쳐지게 마련이다. 문제는 어디에 바치는 가이다. 만일 우리 생명이 보람된 일에 바쳐졌다면 시간이 지나 뒤를 돌아다볼 때 우리는 후회하지 않을 것이다. 반면에 우리 생명이 죄와 불의한 일에 바쳐졌다면 우리 생명은 그만큼 낭비된 것이나 다름없다. 우리가 그리스도를 위해 우리 생명을 바쳤을 때 우리는 가장 만족하게 될 것이다. 이는 그리스도가 우리의 생명을 바쳐도 아깝지 않은 분이기 때문이다. 그리스도에 대한 복음은 지금도 유효하다. 지금도 모든 족속이 복음을 듣기를 고대하고 있다. 바울 사도가 복음을 전파하기 위해 생명을 아낌없이 드린 것에 대해서도 역사(歷史)는 그가 옳았다고 증명한다. 그러나 그보다 더 중요한 것은, 삼위일체 하나님께서 이를 인정하고 계신다는 점이다. 우리도 우리 생명을 다 쏟아드려도 절대로 후회하지 않을 분이신 우리 주 예수 그리스도를 위해 드리자.

나의 기도

하나님 아버지, 우리에게 그런 주님을 주신 것에 대해 한없는 감사와 찬양을 드립니다. 지금까지 우리가 주님께 충성한 것이 다 옳은 것이었습니다. 앞으로도 우리가 주님의 복음 전파를 위해 우리 생애를 드리는 일에 힘쓸 것입니다. 저희를 홀로 두지 마시고 약속하신 대로 또 다른 보혜사가 늘 우리와 동행하게 해 주시기 바랍니다. 세상 끝날 때까지 우리와 늘 함께하실 것이라고 하신 주님께서 오늘도 우리와 함께 해 주시기 바랍니다. 주님께는 우리가 전부를 드려도 아깝지 않은 우리의 구주이시며 주인이십니다. 영원히 주님을 찬양하며 경배드리겠습니다. 하루속히 세상 모든 족속이 우리와 같이 어린양의 보좌 앞에서 예배를 드릴 수 있게 해 주시기 간절히 바랍니다. 아멘.

적용하기

1. 우리가 어떻게 해야 다른 사람으로부터 상처를 받지 않고 살 수 있을까(1:18)?

2. 왜 우리는 그리스도를 우리의 생명보다도 더 귀중히 여겨야 하는가(1:21-22)?

3. 우리는 왜 타인을 위해 살아야 하는가(1:24)?

4. 하나님께서는 우리가 구체적으로 어떻게 살기를 원하신다고 믿는가(1:27-30)?

4

그리스도의 마음을 품으라

빌립보서 2:1-11

묵상할 구절들

그러므로 그리스도 안에 무슨 권면이나 사랑의 무슨 위로나 성령의 무슨 교제나 긍휼이나 자비가 있거든 마음을 같이 하여 같은 사랑을 가지고 뜻을 합하여 한마음을 품어 아무 일에든지 다툼이나 허영으로 하지 말고 오직 겸손한 마음으로 각각 자기보다 남을 낫게 여기고 각각 자기 일을 돌아볼뿐더러 또한 각각 다른 사람들의 일을 돌보아 나의 기쁨을 충만하게 하라(2:1-4).

너희 안에 이 마음을 품으라 곧 그리스도 예수의 마음이니 그는 근본 하나님의 본체시나 하나님과 동등됨을 취할 것으로 여기지 아니하시고 오히려 자기를 비워 종의 형체를 가지사 사람들과 같이 되셨고 사람의 모양으로 나타나사 자기를 낮추시고 죽기까지 복종하셨으니 곧 십자가에 죽으심이라 이러므로 하나님이 그를 지극히 높여 모든 이름 위에 뛰어난 이름을 주사 하늘에 있는 자들과 땅에 있는 자들과 땅 아래 있는 자들로 모든 무릎을 예수의 이름에 꿇게 하시고 모든 입으로 예수 그리스도를 주라 시인하여 하나님 아버지께 영광을 돌리게 하셨느니라(2:5-11).

앤드류 머레이(Andrew Murray)는『겸손』이라는 그의 저서에서 '겸손'이란 그리스도인이 갖추어야 할 여러 덕목(德目) 중의 하나라기보다는 오히려 기독교가 가르치는 핵심적인 교훈이라고 주장했다. 그는 사랑까지도 겸손의 뿌리에서 피어나는 꽃이라고 했다. 따라서 겸손의 뿌리가 말라 버리면 사랑의 꽃조차도 시든다.[1]

오늘날 우리가 사는 사회에서도 그런 겸손의 미덕이 유효할까? 현 사회에서는 모든 것이 경쟁으로 이루어진다. 유치원에서 대학까지, 취직으로부터 진급까지 모두 경쟁이 지배한다. 아주 오래전 어느 일간 신문 사설에서는 1 점 차에 일류학교 입학 여부가 결정될 수 있으며, 탈락은 곧 한 사람의 일생을 좌우할 수 있다고 경쟁의 심각성을 지적했다. 지금은 이보다 훨씬 더 심화(深化)하여 불과 0.1-2 점 차에 당락이 결정되고 있다. 이런 과대 경쟁 사회에서 과연 그리스도인들이 겸손한 삶을 살 수 있을까? 아니면 겸손이라는 미덕은 이미 지나간 시대에나 해당하는 것일 뿐 현대에는 없어도 되는 것일까?

빌립보서 2:5-8 은 그런 근본적인 질문에 대하여 해답을 주고 있다. 바울 사도는 예수님의 마음에 관해 설명할 때 최소한 다음 세 가지를 언급했다. 첫째는 하나님으로서 누릴 수 있는 정당한 권리를 양보하신 것이었다. 둘째는 한없이 자신을 낮추신 겸손이며, 셋째는 십자가에 달려 죽기까지 복종하신 자기희생이다. 바울 사도는 이 셋을 예수님의 구속과 결부시켜 설명함으로써 우리 모두가 좇아야 할 초(超)시간적인 가치(value)로 보았다. 예수님이 겸손하시지 않았다면 인간(성육신)이 되시지 않았을 것이며, 또 자신을 비어 종처럼 되시지도 않았을 것이고, 십자가는 더더욱 지지 않으셨을 것이다. 그렇게 되면 예수님을 장사지낼 필요도 없었을 것이다. 예수님의 십자가와 겸손은 불가분의 관계다. 겸손을 제거하면 예수님의 십자가도 없고, 예수님의 구속 사업도 존재할 수 없다.

---

1 Andrew Murray,『겸손』(서울: 총신출판부, 1977), 역자 서문.

이로 보건대, 예수님의 구속 사업이 초(超)시간적인 가치를 지닌 것처럼 겸손도 영원한 가치를 지니고 있음을 알 수 있다. 반면에 2:1-4는 이런 겸손이 우리의 삶을 통하여 어떻게 나타날 수 있는가를 말씀해 주고 있다. 교회에서 문제가 있을 때나, 부부간에 갈등이 있을 때, 선교사들 간에 다툼이 있을 때, 직장에서 자존심이 상할 때, 자녀가 입학시험에 실패했을 때 등 언제든지 우리는 말을 꺼내기 전에 먼저 예수님의 겸손에 대하여 묵상할 필요가 있다. 그러할 때 그리스도인으로서 마땅히 보여야 할 반응을 보일 수 있다. 교회와 선교 공동체 생활에서 이런 반응은 최소한 다음 두 가지로 나타난다.

- 우리는 다른 사람들과 깊은 교제(연합)를 체험할 수 있다(2:1-4).
- 우리는 예수님의 마음을 품고 다른 사람을 대할 수 있다(2:5-11).

가. 깊은 교제(2:1-4)

질문 우리가 다른 그리스도인들과 교제해야 할 이유는 무엇인가(2:1-2)?

....

....

....

....

힌트

사람이 모이면 언제든지 문제와 불협화음이 생기게 마련이다. 그 이유는 사람마다 견해와 관점이 다르기 때문일 것이다. 문화적 차이가 있을 때 이런 견해들은 더 큰 폭으로 다르게 나타날 수 있고, 따라서 더 심각한 문제들도 얼마든지 일어날 수 있다. 고용인과 고용주 간의 문제도 그런 견해차로 일어날 수 있다. 우리가 그리스도 안에 있으면 이론적으로는 아무 문제도 일어나서는 안 된다. 하지만 현실에서는 여러 가지 어려움이 일어나는 경우가 많다. 본문은 그런 견해차가 존재함에도 우리가 겸손할 때 다른 사람의 의견을 존중할 수 있고 서로 교제를 경험할 수 있다는 사실을 말씀해 주고 있다.

교회나 구역(속회)이나 가정에서 그런 태도를 보이는 것은 융화와 영적 분위기를 조성하는 데 결정적인 역할을 한다. 그리스도인들은 그 누구보다도 겸손하게 서로 교제해야 할 이유가 여기에 있다. 바울 사도는 그리스도인들이 서로 분열을 일으키지 말고 교제해야 할 네 가지 이유를 네 개의 조건문을 통하여 제시하고 있다.

첫째, 우리는 그리스도와의 교제로부터 오는 위로(권면)를 경험한 사람들이다. 그런 사람들은 다른 사람과 교제하며 다른 사람을 격려하게 된다.

둘째, 우리는 그리스도께서 주시는 사랑을 맛본 사람들이다. 그런 사랑을 맛본 사람은 사람을 사랑할지언정 분열을 일으켜 남에게 상처를 주는 일은 하지 말아야 한다.

셋째, 우리는 성령께서 주시는 교제를 맛본 사람들이다. 성령께서는 복음을 듣고 믿는 모든 사람 마음속에 들어오셔서 우리가 하나님의 사람이 되게 하셨고, 우리가 마지막 주님께 갈 때까지 우리를 보존하시는 일을 행하신다(엡 1:13-14).

넷째, 우리는 그리스도께서 베푸신 자비와 긍휼을 맛본 사람들이다. 그렇다면 마땅히 타인에게도 겸손하게 이를 베풀어야 할 것이다. 그럴 때 우리는 서로 불쌍히 여기고, 이해하고, 서로 용서하게 된다. 그렇게 사는 사람들은 다른 그리스도인들과도 깊은 교제를 누리게 된다.

질문 우리는 다른 사람들과 교제하기 위하여 어떤 노력을 해야 하는가 (2:2-4)?

힌트

빌립보 교회는 대체로 훌륭했지만, 몇몇 사람들 간의 의견 대립이 있었던 것 같다(빌 4:2). 따라서 바울 사도는 서로 교제하는 문제에 대해 몇 가지 권고를 하기에 이르렀다. 이런 권고를 하는 가운데 예수 그리스도의 겸손의 본(2:5-11)에 대하여 언급하게 되었다. 겸손을 통해 서로 교제하라는 교훈은 현재 한국교회와 선교사들에게 가장 절실히 요구되는 것이다. 우리도 바울 사도가 언급한 교제의 기쁨에 참여할 수 있다.

> 마음을 같이 하여…… 나의 기쁨을 충만하게 하라(2:2-4).

그런 교제의 기쁨에 대해서는 시편 기자도 133 편에서 다음과 같이 언급했다.

> 보라 형제(자매)가 연합하여 동거함이 어찌 그리 선하고 아름다운고 머리에 있는 보배로운 기름이 수염 곧 아론의 수염에 흘러서 그의 옷깃까지 내림 같고 헐몬의 이슬이 시온의 산들에 내림 같도다 거기서 여호와께서 복을 명령하셨나니 곧 영생이로다(시 133:1-3).

우리가 겸손할 때 다음과 같은 구체적 행동들을 통해 교제의 기쁨을 맛볼 수 있다.

① 서로 깊이 연합한다.

마음을 같이하여 같은 사랑을 가지고 뜻을 합하며 한마음을 품어……(2:2).

1 절이 수직적인 관계를 표시하고 있다면, 2 절은 수평적인 관계에 대한 것이다. 1 절은 하나님께서 그리스도를 통해 우리에게 주신 것에 관해 설명했고, 2 절에서는 우리에게 서로 같은 사랑과 뜻과 마음을 품으라고 했다. 이는 전인적인 연합을 의미한다. 우리는 그리스도께서 우리를 사랑하신 것과 같은 사랑을 품고 다른 사람을 대해야 한다. 그다음으로 우리는 그리스도와 같은 목적과 태도로 다른 사람을 대해야 한다. 이 말은 우리가 획일적으로 되어야 한다든가, 아니면 판단력을 사용하지 말라는 뜻이 아니다. 이는 오직 예수님과 같이 겸손히 다른 사람들을 용납하라는 의미이다. 우리가 이처럼 감정과 뜻과 마음을 다하여 연합할 때 교회에서나 가정에서 참된 교제가 일어난다.

② 서로 깊이 존경한다.

아무 일에든지 다툼이나 허영으로 하지 말고 오직 겸손한 마음으로 각각 자기보다 남을 낫게 여기고(2:3).

바울 사도는 빌립보 교회의 문제를 해결하는 방법을 다음과 같이 제시했다. 우리도 공동체 내에서 갖는 문제들을 같은 원리에 따라서 해결할 수 있다. 먼저 우리는 자기 영광을 구하지 말아야 한다. 자기의 야심을 채우고 자신의 영광을 위한 일이라면 단호히 거부하라고 하나님께서는 우리에게 말씀하신다. 언제든지 자기 영광을 구하는 것이 문제의 불씨가 되어왔다. 그다음 우리는 자신을 낮추어야 한다. 남을 나보다 낫게 여기지 않고서는 진정으로 자신을 낮추는 것이 아니다. 남을 나보다 낫게 여긴다는 것은 열등의식을 갖거나 자기 존엄성을 함부로 짓밟는 것을 의미하지 않는다. 소극적으로는 자기 영광을 추구하지 않고, 적극적으로는 남을 나보다 낫게 여길 때 참 존경심이 우러나오게 된다.

③ 서로 깊이 봉사한다.

각각 자기 일을 돌볼뿐더러 또한 각각 다른 사람들의 일을 돌보아 나의 기쁨을 충만하게 하라(2:4).

그리스도인의 생활은 혼자만 하는 것이 아니고, 언제든지 공동체 속에서 하는 것이다. 어떤 사람이 혼자 있을 때 일을 잘한다고 해도 다른 사람과 함께 조화를 이룰 수 없다면 그는 틀림없이 아직 성숙하지 못한 사람일 것이다. 성경은 우리가 자기 일을 처리하는 것은 물론 다른 사람들의 일을 돌보라고 했다. 깊은 연합과 존경심을 갖는 데서 그치지 말고 우리가 서로 봉사함으로써 교제를 적극적으로 누려야 하겠다. 한국교회가 개 교회 내에서나, 교회 간에 서로 연합하고 서로 깊이 존경하고 서로 깊이 봉사할 때 세상 사람은 한국교회가 하나님의 교회인 것을 알게 될 것이다.

나. 예수님의 마음(2:5-11)

그리스도인이라면 누구든지 예수님의 마음을 품어야 한다. 이는 선택의 문제가 아니라 하나님의 명령이다. "너희 안에 이 마음을 품으라(명령형) 곧 그리스도 예수의 마음이니"(2:5). 우리는 다음 두 가지 이유로 그렇게 해야 한다. 첫째, 그리스도께서는 우리가 좇을 모범이 되시기 때문이다. 둘째, 우리는 하나님(그리스도)의 백성이기 때문에 그리스도의 마음을 품고 살아야 한다.

질문 우리가 품어야 할 그리스도의 마음은 어떤 것인가(2:5-8)?

힌트

예수 그리스도께서는 원래부터 완전한 신성을 가지신 분이셨다. 따라서 그리스도께서는 응당 하나님으로서 소유하실 수 있는 권리들이 있었다. 그것은 하나님으로서 마땅히 누려야 할 권리이자 영광이었다. 그리스도께서는 그와 같은 특권들을 포기하시고(신성 그 자체를 포기하신 것은 아님) 이 세상에 사람으로 오셔서(성육신하시어) 사람들의 종이 되셨다.

거기에 그치지 않고 그리스도께서는 우리 죄를 짊어지시고 십자가에서 죽기까지 하셨다. 주님은 우리 모든 죄를 그 어깨에 짊어지시고 단말마(斷末魔) 같은 고통을 받으셨다. 루이스 드러먼(Lewis Drummond) 박사는 그와 같은 그리스도의 행위를 "지옥 가장 깊은 곳에 떨어져 그 순간은 하나님 아버지와 완전히 단절되었던 것"이었다고 논평하고 있다. 이 얼마나 큰 겸손인가! 하나님께서 얼마나 깊이 비하(卑下)하셨는지 우리는 수억만 년이 걸려도 다 이해할 수 없을 것이다. 우리는 그런 모범을 좇아서 다른 사람을 대하여야 한다. 물론 우리는 아무리 해도 그리스도와 똑같이 할 수는 없다. 우리는 바울 사도의 고백처럼 아무리 해도 이 세상에서는 완전해질 수 없고 계속 '진행 중'일 수밖에 없다.

> 형제들아 나는 아직 내가 잡은 줄로 여기지 아니하고……
> 푯대를 향하여 그리스도 예수 안에서…… 달려가노라(빌 3:13-14).

질문 우리가 기대할 수 있는 하나님의 상급은 무엇인가(2:9-11)?

힌트

이 세상에서는 겸손한 삶이 그다지 인정받지 못할 가능성이 크다. 그런 삶을 사는 사람은 오히려 손해를 볼 때가 더 많을 것이다. 예수님 당시의 사람들에게는 예수님의 겸손도 그렇게 보였을 것이다. 하지만 하나님께서 이에 대하여 어떻게 생각하셨을지는 분명하다. 하나님께서는 더 내려갈 수 없을 정도로 낮아지신 예수님을 한없이 높이셨다. 그리고 하늘과 땅에 있는 모든 이들이 그를 섬기게 정하셨다. 주님께서 재림하시는 날에는 모든 사람이 주님 앞에 무릎을 꿇게 될 것이다.

이로 보건대 우리의 조그마한 겸손도 하나님께서는 잊지 않으실 것이 분명하다. 겸손한 생활을 하다가 실망할 때마다 우리는 이 말씀을 기억하며 용기를 얻을 수 있다. 더 중요한 사실은 하나님의 공의가 아직도 존재한다는 점이다. 죄 없으신 예수님께서 피조물들의 손에 의해 비참하게 돌아가시는 것을 보았을 때는 하나님의 공의도 없는 것처럼 보였을 것이다. 그러나 예수님께서 십자가에서 우리를 위한 구속 사업을 완성하신 후 부활하시어 존귀케 되심을 볼 때 우리는 하나님의 공의가 살아 있음을 확인할 수 있다.

이 과를 마치면서

이 글을 읽는 사람들은 이구동성으로 예수님의 겸손의 본을 좇는 것은 너무 높은 이상이라고 말할 것이다. 따라서 실천하려는 의욕보다는 좌절감을 먼저 가질 우려가 있다. 우리가 기억해야 할 사실은 이런 겸손이란 우리의 힘으로는 도저히 소유할 수 없다는 점이다. 그러나 성령께서 우리를 도우셔서 우리가 예수님의 모범을 좇아 살 수 있도록 해 주신다.

> 이와 같이 성령도 우리의 연약함을 도우시나니……(롬 8:26).

세상 사람들은 그렇게 사는 그리스도인을 보기 원한다. 만일 우리가 주님처럼 겸손한 삶을 산다면 아마도 다른 종교를 신봉하는 사람들까지도 우리를 존경스러운 눈으로 볼 것이다. 그리고 그 자체가 증거(witness)가 될 것이다. 초대 그리스도인들은 바로 그런 삶을 살면서 증인의 역할을 했다. 삶과 메시지가 그렇게 통합될 때 비로소 하나님의 말씀은 능력 있게 전파될 수 있다. 우리는 하루속히 그런 삶을 살 수 있기를 위해 하나님의 능력을 구해야 할 것이다. 그런 삶을 사는 사람들이 세상 모든 족속 가운데 기하급수적으로 늘어나서 모든 족속이 주님의 제자로 살게 되는 날이 이 땅에 속히 오도록 우리가 먼저 모범을 보여야 하겠다.

나의 기도

하나님 아버지, 오늘 우리는 아주 귀중한 삶의 모델에 대해 배웠습니다. 이 땅에서 우리가 어떻게 살아야 한다는 말씀을 또 하나의 모범적인 증인을 통해 알게 되었습니다. 참으로 아름답고, 존귀한 삶의 본을 우리에게 보여주신 것에 대해 감사와 찬양을 드립니다. 주님은 모든 족속에게 전해져야 하는 기쁜 소식이며 동시에 모범이십니다. 우리도 이런 삶을 살게 해 주시기 바랍니다. 우리만 아니라 세상 모든 족속이 하루속히 그렇게 살 수 있게 역사하여 주시기 바랍니다. 아멘.

적용하기

1. 지금 우리 교회 교우들이 교제하는 데 방해가 되는 것들은 무엇인가? 어떻게 하면 이를 바로잡을 수 있을까(2:1-4)?

2. 자신이 겸손하지 못해서 일어난 문제에 대하여 먼저 하나님께 자백하고, 관련된 사람들과도 화해할 수 있기 위하여 구체적인 계획을 세워 실천하라.

3. 자기를 낮추신 예수 그리스도의 모범에 대하여 본문을 통해 다시 읽어보고, 이를 어떻게 자신의 생활에 적용할 것인가를 결정하라(2:5-8).

5

두렵고 떨림으로 이루는 우리의 구원

빌립보서 2:12-30

묵상할 구절들

그러므로 나의 사랑하는 자들아 너희가 나 있을 때뿐 아니라 더욱 지금 나 없을 때에도 항상 복종하여 두렵고 떨림으로 너희 구원을 이루라 너희 안에서 행하시는 이는 하나님이시니 자기의 기쁘신 뜻을 위하여 너희에게 소원을 두고 행하게 하시나니 모든 일을 원망과 시비가 없이 하라 이는 너희가 흠이 없고 순전하여 어그러지고 거스르는 세대 가운데서 하나님의 흠 없는 자녀로 세상에서 그들 가운데 빛들로 나타내며 생명의 말씀을 밝혀 나의 달음질이 헛되지 아니하고 수고도 헛되지 아니함으로 그리스도의 날에 내가 자랑할 것이 있게 하려 함이라 만일 너희 믿음의 제물과 섬김 위에 내가 나를 전제로 드릴지라도 나는 기뻐하고 너희 무리와 함께 기뻐하리니 이와 같이 너희도 기뻐하고 나와 함께 기뻐하라(2:12-18).

내가 디모데를 속히 너희에게 보내기를 주 안에서 바람은 너희의 사정을 앎으로 안위를 받으려 함이니 이는 뜻을 같이하여 너희 사정을 진실히 생각할 자가 이밖에 내게 없음이라 그들이 다 자기 일을 구하고 그리스도 예수의 일을 구하지 아니하되 디모데의 연단을 너희가 아나니 자식이 아버지에게 함같이 나와 함께 복음을 위하여 수고하였느니라 그러므로 내가 내 일이 어떻게 될지를 보아서 곧 이 사람을 보내기를 바라고 나도 속히 가게 될 것을 주 안에서 확신하노라 그러나 에바브로디도를 너희에게 보내는 것이 필요한 줄로 생각하노니 그는 나의 형제요 함께 수고하고 함께 군사 된 자요 너희 사자로 내가 쓸 것을 돕는 자라(2:19-25).

'그리스도인'이라는 말은 초대 교인들에 대하여 그 당시 세상 사람들이 붙여준 별명이다(행 11:26). 이들 마음속에는 그리스도가 거하기 때문에 그리스도의 모습이 나타나지 않을 수가 없었다. 바울 사도는 그런 사람들을 '예수님의 마음을 품은 사람'(빌 2:5), 또는 '예수님의 대사(사신)'(고후 5:20) 등으로 묘사했다. 그런 사람들은 내적인 마음 상태도 세상 사람의 경우와 달랐다. 그리스도인은 마음속에 "사랑과 희락과 화평과 오래 참음과 자비와 양선과 충성과 온유와 절제"(갈 5:22-23)와 같은 성령의 열매들을 맺는다.

이상은 초대 교인에 대한 간단한 설명이다. 초대 교인이 모두 완전한 사람들이었다는 말은 아닐 것이다. 물론 그들에게도 불협화음이 있었고, 정욕의 문제와 욕심의 문제 등 부정적인 면이 없지 않았다. 그런데도 우리가 신약 성경을 읽으면서 받은 인상은 초대 교인들이 현대 교인들보다 훨씬 높은 수준의 신앙생활을 했다는 점이다.

그렇다면 현대를 사는 그리스도인들은 적당히 살아도 괜찮다는 말인가? 바울 사도가 얼토당토않은 경우에 즐겨 사용하는 표현대로 이 경우도 "그럴 수 없느니라"(롬 8:1)라고 대답할 수밖에 없다. 하나님께서는 2:12-13 을 통하여 초대 교인들이나 현대 교인들의 생활에 공통으로 적용되는 일반적인 원리를 제시하셨다. 2:14-17 에서는 빌립보 교회의 상황에 맞는 그리스도인의 생활에 관한 구체적인 명령을 하셨다. 2:17-30 에는 위와 같은 명령에 따라서 산 세 사람(바울, 디모데, 에바브로디도)의 구체적인 예(例)가 나와 있다. 그 내용을 정리하면 다음과 같다.

- 그리스도인의 생활에 대한 일반적인 원리: 두렵고 떨림으로 너희 구원을 이루라(2:12-13).
- 그리스도인의 생활에 대한 구체적인 명령: 모든 일을 원망과 시비가 없이 하라(2:14-17).
- 그리스도인의 생활에 대한 구체적인 모본(模本): 다른 사람을 위한 삶을 살라(2:17-30).

가. 두렵고 떨림으로 이루는 우리의 구원(2:12-13)

질문 두렵고 떨림으로 구원을 이루라는 말은 무슨 뜻인가? 이는 우리가 노력을 통하여 구원을 얻을 수 있다는 뜻인가?

힌트

> 성경은 다른 곳에서 우리의 구원이 순전히 은혜로 인하여 믿음으로 말미암아 얻어지는 것이라고 명명백백하게 말씀하고 있다(엡 2:8-9). 따라서 본문이 우리의 노력으로 구원을 얻을 수 있다는 의미가 아니라는 사실은 분명하다. 그 의미를 알기 위해서는 '구원'의

뜻과 '이루라'(2:12)는 단어의 의미를 이해하는 것이 필요하다. 여기서 '구원'은 포괄적인 의미가 있다. 이를 조직신학적인 용어로 표시하면 칭의(稱義)와 성화(聖化)를 모두 포함한 것이다. 또 개인적인 면과 공동체적인 면을 동시에 포함하고 있다. 반면에 '이루라'(현재, 중간태, 명령형)는 말은 '행동으로 계속 나타내라'는 의미가 있다.

이를 종합해 보면 구원이라는 최종적인 목표가 이루어질 때까지 우리가 받은 구원이 우리 속에서 효력을 나타내도록 개인으로도, 교회를 통해서도 계속 살라는 것이다. 그렇게 사는 것을 늦출 수 없는 이유는 "두렵고 떨림으로" 이를 이루라고 말씀하였기 때문이다. 여기까지만 읽고 끝나는 사람들은 불가능한 일을 하나님께서 우리에게 요구하고 있다고 생각할 수 있을 것이다. 그러나 "너희 안에서 행하시는 이는 하나님이시니"(2:13)라는 말씀은 큰 부담을 느끼는 우리에게 커다란 용기를 준다. 우리 힘만으로 구원이 요구하는 높은 수준의 삶을 살 수가 없다. 내 안에 계신 하나님께서 나의 에너지원(源)이 되시면 가능한 일이다.

이때 우리는 마치 핵 발전소에 연결된 전기기기처럼 늘 기능을 발휘할 수 있게 된다. 다만 여기서 조심해야 할 사실은 우리가 전기기기처럼 수동적인 존재가 아니라는 점이다. 만일 우리가 수동적인 전기기기와 같았다면 12 절 말씀이 필요 없었을 것이다. 무생물에게 어떻게 구원을 이루라고 말할 수 있었겠는가? 하나님께서는 우리를 살아 있고 책임질 수 있으며, 하나님을 사랑할 수 있으며, 도덕적인 생활을 할 수 있는 생명체로 취급하신다는 사실을 12 절을 통해 알 수 있다.

반면에 만일 12 절의 명령만 있고 13 절의 내용이 없었다면, 우리에게는 구원을 이룰 수 있는 기력도 없었을 것이다. 놀라운 사실은 하나님께서 우리의 존재도 인정하시되 우리 속에서 우리의 능력의 근원이 되어 주신다는 점이다. '나'도 있고 '하나님'도 계시되 하나님께서는 나를 흡수해 버리지 않으시고 나에게 힘을 주셔서 하나님의 자녀로서의 삶을 살 수 있게 하신다.

얼마나 놀라운 일인가. 우리는 살아계신 하나님과 인격적인 관계를 누리며 살 수 있다. 예수님께서는 우리가 주님의 뜻을 행하면 주님의 친구가 된다고 말씀하심으로써 좀 더 밀접한 관계를 갖게 허락하셨다. 13 절 하반부에서 보는 바와 같이 하나님께서는 우리가 두렵고 떨림으로 구원을 이루도록 능력도 주신다.

이상 말한 내용을 요약할 때 다음 두 가지 개념이 공존한다는 사실을 알 수 있다. 첫째로, 그리스도인들에게는 구원을 이루어야 할 책임이 있다. 둘째로, 하나님은 우리가 구원을 이루도록 능력을 주신다. 이 두 명제는 반드시 조화를 이룰 필요가 없다. 이는 공존하는 개념이며 우리가 다 설명할 수 없는 하나님의 신비 중의 하나이다.

나. 원망과 시비가 없이 사는 삶(2:14-17)

질문 우리가 구원을 구체적으로 어떻게 이루어 나갈 수 있을까?

힌트

여러 가지로 구원을 이루어갈 수 있겠으나 여기서는 "원망과 시비가 없이"(2:14) 모든 일을 하라는 데 그 초점을 맞추었다. 여기에서 원망과 시비는 불만과 불평, 또는 하나님께 대한 반역 등을 의미한다. 이런 것 없이 교회나 가정이나 직장에서 살려면 첫째, 하나님의 도움이 필요하다(2:13). 둘째, 그리스도 예수의 마음을 품고 자신을 낮추고 부인하는 것이 필요하다(2:5-8).

우리는 하나님과 사람을 원망할 수 있다. 이스라엘 백성들도 그런 경험이 있다. 그들은 출애굽 후에 하나님과 그 지도자를 원망했다(민 11:1; 출 16:2). 빌립보 교인들 사이에서도 서로 원망과 시비가 있었음을 알 수 있다(2:2; 4:2). 중요한 사실은 하나님의 백성들 사이에 일어나는 모든 일은 하나님의 관심사 밖의 일일 수가 없다는 점이다. 그런 사실을 알 때 우리는 원망과 시비를 버리고 오히려 내 사정을 다 아시는 하나님께 맡기며 살 수 있다. 우리가 원망과 시비가 없이 교회 내에서와 교회 밖에서 생활을 할 때 최소한도 다음 네 가지 결과를 기대할 수 있다.

① 우리의 내적 생활이 깨끗해진다(2:15 상).

우리는 이미 구원받는 순간부터 원칙적(하나님의 법적)으로 "흠이 없고 순전해"졌다. 이런 사실은 에베소서 1:4 에서도 주장하고 있다. 이렇게 된 것은 우리 죄가 그리스도의 십자가의 공로로 용서되었고 하나님께서 우리 속에 하나님의 의(義)를 친히 심어주셨기 때문이다(고후 5:21). 이야기는 여기서 끝나지 않는다. 모든 그리스도인은 하나님이 우리를 위하여 그렇게 긍정적으로 인정해 주신 사실을 경험적으로도 누리게 된다. 이를 성화(聖化)라고 부른다. 우리가 모든 일에 원망과 시비가 없이 생활할 때에 우리는 더욱더 성화되어 깨끗한 내적 생활을 경험케 된다.

② 우리의 외적인 행동이 깨끗해진다(2:15 하).

성경은 지구촌을 "어그러지고 거스르는 세대"가 사는 곳이라고 말씀하고 있다. 여기에서 세대는 인류 전체를 의미할 수 있다. 바로 이런 곳에서 그리스도인들은 모든 일에 원망과 시비가 없이 살라고 말씀하셨다. 구조적인 악(惡)과 개인들이 범하는 죄로 말미암아 도덕적으로 어두워진 곳에서 그리스도인들은 '빛'과 같은 역할을 하라고 했다. 그런 세속의 물결이 너무 거세서 우리 자신들을 가만히 놓아두면 세상 물결에 휩쓸려 떠내려가게 될 것이다. 하지만 하나님께서 우리 안에서 행하시며, 우리도 원망과 시비가 없이 살려고 노력할 때 외적인 행동도 깨끗해진다. 세상 사람들은 그렇게 사는 사람을 향하여 겉으로는 조소를 퍼부을지 모르나 속으로는 부러워할 것이다.

③ 복음이 밝히 드러난다(2:16 상).

여기에서 "생명의 말씀"은 복음을 의미한다(요 6:68 참조). 모든 일에 원망과 시비가 없이 행하는 사람들은 내적으로 깨끗이 생활을 하고 외적인 행동도 깨끗하여질 뿐만 아니라, 하나님의 복음도 밝히 드러내는 역할을 하게 된다. 반면에 그리스도인의 책임을 회피하고 사는 사람들은 복음이 세상 사람들에게 나타나는 것을 방해하는 역할을 하게 된다. 대부분 세상 사람들은 성경을 읽지 않는다. 그러나 그리스도인들의 행동은 유심히 읽는다. 그래서 어떤 이들은 세상 사람들의 성경은 그리스도인들의 생활이라고까지 말한다. 만일 한국교회 교인들이 모든 일에 원망과 시비가 없는 생활을 하게 된다면 한국 땅에 복음이 더욱더 밝히 드러나게 되는 것은 물론이고 세계 복음화도 그만큼 가속도가 붙게 될 것이다.

④ 영구적인 열매를 맺게 된다(2:16 하).

우리의 삶이 한 세상으로 끝나버린다면 참 허무할 것이다. 이에 대해 성경은 이렇게 말씀하고 있다.

> 만일 그리스도 안에서 우리가 바라는 것이 다만 이 세상의 삶뿐이면 모든 사람 가운데 우리가 더욱 불쌍한 자이리라 (고전 15:19).

바울 사도는 본문을 통하여 자신의 삶이 이 세상으로 끝나는 것이 아니라는 강한 암시를 주었다. 그는 '그리스도의 날'이 있음을 말씀했다. 이는 그리스도께서 다시 오시는 날을 의미한다. 이때 모든 그리스도인은 부활을 경험하게 될 것이다. 불신자들도 소멸하지 않고 영원한 형벌을 받게 된다는 것이 성경의 가르침이다(계 20:13-15).

우리는 모두 궁극적으로 그리스도와 함께 영원히 살던가, 아니면 하나님의 영원한 형벌 가운데 살던가, 둘 중 하나의 길을 가게 될 것이다. 빌립보 교인들이 "모든 일에 원망과 시비가 없이" 산 것에 대한 평가가 이때 있을 것이라고 바울 사도는 말씀했다. 이때 우리에게도 하나님의 공의가 이루어질 것이다. 눈물을 흘리며 의의 씨를 뿌린 많은 숨은 공로자들이 상을 받게 될 것이다. 예수께서도 이런 상에 대하여 말씀하시며 소자에게 냉수 한 그릇 준 것을 곧 예수님 자신에게 친절을 베푼 것과 같이 취급하실 것이라고 말씀하셨다(마 10:42). 우리는 이상 네 가지 중 어떤 결실을 맺고 사는지 평가해 볼 필요가 있다. 전혀 결실을 맺지 못하고 있다면 자신의 신앙생활을 다음과 같이 진단해 볼 필요가 있다.

- 주님을 마음속에 모신 경험이 있는가?
- 불순종하는 생활을 하고 있지는 않은가?
- 성경 읽기, 기도, 교회 생활, 전도 및 봉사를 규칙적으로 하는가?

이상의 질문들에 대하여 부정적인 대답을 했다면 하나님을 계속 찾기 바란다. 그리고 참된 그리스도인이나 교회 교역자들과 만나 상담을 받을 필요가 있다.

다. 다른 사람을 위한 삶(2:17-30)

질문 두렵고 떨림으로 자신의 구원을 이루며, 모든 일에 있어서 원망과 시비가 없이 행한 세 사람의 예를 우리는 여기서 찾아볼 수 있다. 바울 사도(2:17-18), 디모데(2:19-24), 그리고 에바브로디도(2:25-30)가 그들이다. 이들의 생애를 볼 때 어떤 점이 우리가 본받을 만한 것들인가?

힌트

바울 사도

- 그는 다른 사람을 위해 전력을 다했다.
- 그는 그것을 "나의 달음질"이라고 표현했다(2:16).
- 그는 전 생명을 다 드렸다. "전제로 드릴지라도"라는 말이 곧 이를 의미한다(2:17).
- 그는 다른 사람을 위해 삶으로써 자신과 다른 사람에게 기쁨을 주었다(2:18-19).

디모데

- 그는 다른 사람을 깊이 이해했다. "너희 사정을 진실히 생각할 자"라고 말씀했다(2:20).
- 그는 다른 사람에게 복음을 전하기 위하여 살았다(2:22).
- 그는 충성심이 있었다. 바울 사도는 한결같이 "나와 함께" 있었다고 말씀했다(2:22).
- 그는 자신의 몸을 드려 수고했다(2:22).

에바브로디도

- 그는 충성심이 있었다. 바울 사도는 그를 "함께 군사 된 자"로 평가했다(2:25).
- 그는 다른 사람을 깊이 생각했다. "그가 너희 무리를 간절히 사모하여"(2:26).
- 그는 다른 사람을 위해 섬세한 배려를 했다(2:26).
- 그는 다른 사람을 위해 깊은 헌신을 했다(2:30).

세상은 지금도 이처럼 영적으로 다이내믹한 생활을 하는 사람을 찾고 있다. 이런 사람을 보면 세상 사람도 감동하고 이런 사람이 믿는 하나님을 믿게 될 것이다.

이 과를 마치면서

그리스도인의 성숙은 자기만족의 정도에 따라서 평가되는 것이 아니다. 오히려 타인이 나를 통해 얼마만큼 기쁨을 느끼게 되며, 감동과 도움을 받게 되는가에 따라서 평가되어야 마땅하다. 소위 '나'만 아는 세대에 사는 우리로서는 이해하기 힘든 것이 바로 이 성숙의 개념이다. 다행인 것은 내가 그리스도인의 성숙의 개념에 대해 다 이해하지 못해도 본문에서 말씀한 대로 다음과 같이 살 때 하나님께서는 나를 성숙시켜 주실 것이라는 점이다.

내가 두렵고 떨림으로 나의 구원을 이루어 갈 때, 그리고 구체적인 면에서까지 하나님의 명령을 순종하게 될 때, 또한 타인을 위한 삶을 살게 될 때 우리는 바울과 디모데와 에바브로디도처럼 교회가 필요로 하고, 하나님께서 귀하게 쓰시고, 세상이 요구하는 성숙한 그리스도인이 될 것이다. 하나님께서는 우리가 그렇게 살 수 있도록 적극적으로 도우실 것이다.

> 너희 안에서 행하시는 이는 하나님이시니 자기의 기쁘신 뜻을 위하여 너희에게 소원을 두고 행하게 하시나니(2:13).

나의 기도

하나님 아버지, 우리가 오늘도 이렇게 살기 원합니다. 우리를 지혜롭고 일관성 있게 해 주시기 바랍니다. 그래서 무엇보다도 우리의 구원을 이뤄 가되 두렵고 떨림으로 그렇게 이뤄가기를 원합니다. 내 주위 사람들은 물론이고, 저 멀리 미전도 족속들까지도 내 생애에 대해 알게 될 때 그들도 우리 주님을 좇고 싶은 마음이 생기게 해 주시기 바랍니다. 주님, 오늘도 우리를 축복해 주시고, 또 이 축복을 세상 모든 족속에게 전하는 통로가 되게 해 주시기 바랍니다. 우리가 먼저 디모데와 에바브로디도처럼 살게 해 주시기 바랍니다. 그리고 더 많은 사람이 그렇게 살아가도록 영향을 끼치는 사람이 되게 해 주시기 바랍니다. 아멘.

적용하기

1. 우리가 그리스도인의 책임을 이행할 수 있게 하신다는 사실을 경험한 적이 있는가? 구체적으로 예를 들라(2:12-13).

2. 우리는 지금 누구에게 원망과 시기하는 마음을 품고 있는가? 만일 있다면 먼저 하나님께 자백하고, 그 대상과 화해할 힘을 달라고 하나님께 구하라(2:14).

3. 우리가 다른 사람들을 위해 살아가는 데 있어 바울 사도와 디모데와 에바브로디도를 통해 배울 수 있는 교훈을 말하라(2:17-30).

6

모든 것을 잃어도 아깝지 않은 신앙

빌립보서 3:1-11

묵상할 구절들

끝으로 나의 형제들아 주 안에서 기뻐하라 너희에게 같은 말을 쓰는 것이 내게는 수고로움이 없고 너희에게는 안전하니라. 개들을 삼가고 행악하는 자들을 삼가고 몸을 상해하는 일을 삼가라 하나님의 성령으로 봉사하며 그리스도 예수로 자랑하고 육체를 신뢰하지 아니하는 우리가 곧 할례파라(3:1-3).

그러나 무엇이든지 내게 유익하던 것을 내가 그리스도를 위하여 다 해로 여길뿐더러 또한 모든 것을 해로 여김은 내 주 그리스도 예수를 아는 지식이 가장 고상하기 때문이라 내가 그를 위하여 모든 것을 잃어버리고 배설물로 여김은 그리스도를 얻고 그 안에서 발견되려 함이니 내가 가진 의는 율법에서 난 것이 아니요 오직 그리스도를 믿음으로 말미암은 것이니 곧 믿음으로 하나님께로부터 난 의라 내가 그리스도와 그 부활의 권능과 그 고난에 참여함을 알고자 하여 그의 죽으심을 본받아 어떻게 해서든지 죽은 자 가운데서 부활에 이르려 하노니(3:7-11).

지금까지 우리는 하나를 잃고 열을 얻는 신앙을 열심히 전파해 왔다. 예수님만 믿으면 사업도 잘되고 건강도 좋아지고 지위도 높아지고 자녀도 잘되고…… 무사태평할 것이라고 약속하는 사람들이 있다. 과연 그런 그림은 현실성이 있는 것일까? 현실성 유무에 대해 언급하기 전에 먼저 우리가 생각해 봐야 할 점이 있다.

① 인간이라면 누구든지 가지고 있는 기복적인 욕구의 관점에서 보았을 때 이것은 잘 맞는 이야기라는 점이다. 아마 우리 국민성을 포함하여 세상 모든 족속의 의식 속에도 똑같이 해당하는 부분이라 하겠다. 그래서 사람들은 이를 듣고 쉽게 호응할 수 있게 된다. 호응한 이들 중에서도 성장함에 따라 신앙생활이란 그렇게 평탄한 생활만은 아니라는 사실을 깨닫고 자신의 신앙관을 재정비하는 사람들도 있다. 이는 참 다행스러운 일이다. 반면에 어떤 이들은 자신이 듣던 것과 다르므로 신앙을 버리거나 아니면 다른 토속 신앙과 함께 소유하여 혼합주의 노선을 걷기도 한다. 이는 참 애석한 일이다.

② 그렇지만 성경은 기복적인 면을 완전히 배제하고 있지는 않다. 다시 말해서 예수를 믿는 사람들이 행복과 부귀와 성공과 지위와 명예를 전혀 누리지 못할 것이라고 단정 짓지 않고 있다. 그러나 한 가지 분명한 것은 그런 것이 우리의 신앙 조건이 될 수 없다는 점이다. 그런 것은 우리의 신앙생활에 있을 수도 있고, 또 없을 수도 있다. 중요한 것은 우리가 예수님을 위하여 어떤 것이라도 버릴 수 있는 것이 정상적인 신앙심이라는 것이다.

이 본문은 이상과 같은 점에 대한 우리의 자세를 바로잡아 주고 있다. 바울 사도는 자신의 경험을 통하여 열을 잃고도 한 가지, 곧 그리스도를 얻는 것이 더욱더 중요하다는 사실을 여기서 분명하게 말씀하고 있다. 예수님과의 인격적인 만남을 제대로 경험한 사람이라면 본문 말씀이 주장하고 있는 다음의 십실일득(十失一得)이나 전실일득(全失一得)의 신앙에 대하여 공감을 할 수 있을 것이다. 그렇게 공감할 수 있는 근본적인 원인은 '예수님이 가장 귀하다'라는 생각 때문일 것이다. 이는 예수님을 믿는 사람이 예수님께 가까이 가면 갈수록 마땅히 일어나는 변화이기도 하다. 본문은 이에 대해 다음과 같이 말씀하고 있다.

- 그리스도께 가까이 가면 갈수록 그리스도께 대한 신뢰도가 더 깊어진다(3:1-3).
- 그리스도께 가까이 가면 갈수록 그리스도께 대한 열정이 더 깊어진다(3:4-8).
- 그리스도께 가까이 가면 갈수록 그리스도로 충만케 되고자 하는 열망이 더 깊어진다(3:9-11).

가. 날로 깊어지는 그리스도에 대한 신뢰감(3:1-3)

질문 바울 사도는 율법수의자들에 대해 무엇이라고 경고했으며, 왜 그렇게 강한 어조로 말씀했다고 생각하는가(3:1-2)?

....

....

....

....

힌트

> "종말로"라는 말은 바울 사도가 서신을 끝낼 때 주로 사용하는 말이다(살전 4:1; 살후 3:1; 고후 13:11; 엡 6:10). 아마도 바울 사도는 이 서신서를 이 시점에서 끝마칠 마음이 있었을 것이다. 그러나 누가 바울 사도에게 빌립보 교회의 문제를 알려주었던지, 아니면

스스로 문제의 심각성을 깨닫게 되었던 것 같다. 그래서 갑자기 강경한 어조로 경고하였을 것이다.

문제가 무엇이었는지 쉽게 이해할 수는 없으나 1:15 에서 이미 언급한 바 있는 유대주의적 성격을 띤 사람들을 향한 경고였을 것이다. 그런 사실은 다음에 바울 사도가 사용한 강경한 말들로 미루어 보아도 알 수 있다(3:2). 마틴(R. Martin)은 바울 사도가 그처럼 그들의 위험성에 대해 경고한 이들 곧 "개들", "행악하는 자들", "할례당"이 오히려 육신적인 할례를 통한 구원을 주장함으로써 육신적인 종교로 만들었다고 주장했다. 할례는 유대인 중 남자들이 경우 생후 8 일이 될 때 성기의 끝을 베는 의식을 가리키고 있다. 예수님 당시 유대인들은 할례가 곧 유대인의 표지(標識)이자 하나님의 선택된 백성의 징표라고 굳게 믿었다. 종교심이 강한 유대인일수록 할례를 받지 않은 이방인들을 "개들"이라고까지 혹평했다. 하지만 이 본문에서는 그렇게 주장하는 자들이야말로 "개들"이라고 반박했다.

우리는 유대교 배경 가운데 살고 있지 않기 때문에 얼핏 생각할 때에 우리에게는 이런 경고가 해당되지 않는다고 생각하기가 쉽다. 그러나 유대교의 배경을 가진 사람들이 유대 문화의 범주를 벗어나지 못하고 계속 그리스도의 복음을 유대교적 테두리 안에 집어넣으려고 하듯이 우리도 우리의 고유문화 속에 그리스도의 복음을 포로로 잡아두려는 경우가 있다. 그리스도의 복음은 유대교를 개혁함으로써 완성된 것이 아니다. 그리스도의 복음은 예수께서 이 세상에 오셔서 사시고 십자가에 돌아가셨다가 부활하심으로써 완성되었다. 이는 완전히 새로운 차원의 것이다. 여기에는 인간이 뺄 것이란 아무것도 없고, 추가시켜야 할 것도 없다. 기독교는 고유문화를 필요 없이 보거나 파괴하거나 간과하지는 않는다. 그러나 복음의 충족성과 효력을 무시하는 어떤 풍속과 종교적인 전통도 하나님께서는 허용하시지 않는다.

유대인들에게 있어서 할례는 생명처럼 중요시되는 것이었으나 이를 구원의 조건이나 표지(標識)나 혹은 보조적인 것으로 간주할 때 성경은 가장 냉혹하게 이를 잘라 버리는 것을 볼 수 있다. 우리도 "개들"과 "행악하는 자들"과 "할례당"이라는 책망을 듣지 않으려면 회개하는 자들에게 은혜를 무조건 주시는 구원의 복음 앞뒤에 그 어떤 조항도 달지 말아야 한다. 주님께서 오직 은혜로만 우리를 구원하신다는 사실을 깊이 인식하는 사람일수록 더욱더 우리 주님을 깊이 신뢰할 것이다.

질문 바울 사도는 그리스도를 신뢰하는 사람들의 특징에 대해 무엇이라고 말씀하였는가(3:3)?

힌트

바울 사도는 과거에 할례도 받았다. 하지만 그리스도를 개인적으로 만난 후에 비로소 참된 구원을 받았다. 이분만큼 형식적인 할례를 받는 것과 참으로 회개하고 그리스도를 개인의 구주로 모신 삶의 차이에 대하여 분명하게 알고 있는 분도 드물 것이다. 따라서 그는 할례를 구원과 결부시키는 유대주의적 사람들을 혹평했다(3:2). 그리고 그리스도의 생명이 약동하는 그리스도인의 생활을 다음 세 가지로 묘사하고 있다(3:3).

- 이들은 하나님의 성령으로 예배(봉사)드린다.
- 이들은 오직 그리스도 예수를 자랑한다.
- 이들은 자신의 육체를 신뢰하지 않는다.

나. 날로 깊어지는 그리스도에 대한 열정(3:4-8)

질문 예수 그리스도를 알기 전에 바울 사도는 어떤 것을 위해 살았는가? 우리 자신들의 경우와 비교해 볼 때 우리의 경우는 과연 어떤 차이점이 있는가(3:4-6)?

힌트

그리스도를 알지 못하였을 당시 바울 사도의 열정은 자신의 역량을 최대한으로 향상시키는 데 있었다. 그래서 그는 자신이 그 누구보다도 자랑할 것이 많은 사람이라고 생각했다(3:4). 우리도 어느 날 그리스도를 통하여 참된 자신을 발견하기까지 계속 자신의 역량에 기대를 걸 수 있다. 3:5-6 에서 볼 때 바울 사도는 최소한 일곱 가지를 자신을 위해 내세울 수가 있었다.

- 그는 종교적 예식(할례 등)을 내세웠다(3:5).
- 그는 자기 국적을 내세웠다. 그는 자신이 "이스라엘 족속"이라고 했다(3:5).
- 그는 가문을 내세웠다. 그는 자신이 베냐민 지파 중에 속했다고 했다(3:5). 야곱의 아들 중 유독 베냐민만 메시아가 탄생할 것으로 예정된 베들레헴(에브랏) 길에서 탄생했으며(창 35:18-19; 미 5:2), 그 가문에서 초대 이스라엘 왕이 나왔다.
- 그는 자신이 문화적 정통성을 이어받았음을 내세웠다. 그는 히브리인 중의 히브리인이라고 자신을 칭했다(3:5).
- 그는 자신이 순수한 종교를 갖고 있음을 자랑했다. 바리새인은 유대 종교의 여러 종파 중에서도 가장 정통적인 종파였다(3:5).

- 그는 자신의 종교적인 업적을 내세웠다. 그는 그 당시 이단으로 여겨졌던 기독교를 핍박했던 것이다(3:6).
- 그는 개인적 성결을 내세웠다. 그는 율법으로 볼 때 흠이 없었다고 했다(3:6).

우리에게는 바울 사도와 같은 종류의 자랑거리는 없을지 모른다. 그러나 우리 나름대로 내세우는 것들이 있을 수 있다. 그 내세우는 것들이 아무리 외적으로 호화스럽게 보여도 우리가 내적으로 그리스도를 깊이 사랑하는 것을 방해하는 것이라면 바울 사도와 같이 과감하게 버릴 수 있어야 한다.

질문 그리스도를 만난 후에 자신의 가치관이 어떻게 변했는가(3:7-8)?

힌트

그리스도를 만난 사람에게는 먼저 가치관의 변화가 있다. 7 절에서 바울 사도는 과거 자신이 얻은 것들(κέρδη-복수)로 생각했던 모든 것을 한 가지로 묶어서 잃은 것(ζημίαν-단수)으로 간주했다. 세상에는 밑지는 장사를 하려는 사람이 없다. 그러나 바울 사도는 그리스도 한 분을 얻기 위하여 모두를 잃어도 괜찮다고 생각했다. 바울 사도가 그와 같이 숫자상으로 볼 때 밑지는 장사를 한 이유는 무엇일까? 누구든지 그리스도께서 주시는 생수를 마신 사람이라면 그 대답을 알 수 있을 것이다. 열쇠는 "그리스도를 위하여"라고 말한 데에 있다.

바울 사도는 자신이 귀하게 여기던 모든 것을 아쉬움 없이 내주었다(3:5-6). 심지어 그는 자신에게 유익하던 옛 것들, 즉 자신이 그리스도 앞으로 나오는데 방해되던 것을 해로 여긴다고 공언했다. 복음서의 부자 청년은 이 사실을 이해하지 못하고 그대로 돌아갔다. 예수께서 어련히 다 아셔서 그렇게 말씀하셨던 것이 아닌가!

> 가서 네게 있는 것을 다 팔아 가난한 자들에게 주라……(막 10:21).

그가 만일 모든 것을 다 팔아 주었다면 더 큰 한 가지 곧 그리스도를 얻었을 것이다. 얼마나 많은 사람이 숫자 놀이를 지금도 하고 있는가! 여러 가지 것들을 놓치지 않으려고 가장 귀한 것을 놓치고 있다. 명예, 쾌락, 안일, 돈, 섹스, 술 등을 놓치지 않으려고 그리스도를 놓치는 경우가 얼마나 많은가! 그리스도를 얻은 사람들은 자신이 가진 것을 다 잃고 그 대신 그리스도 안에서 모든 것을 얻은 사람들이다. 지금 어떤 것을 갖고 있는가? 여러 가지를 갖고 있으나 그리스도는 얻지 못하고 있지는 않은가? 여러 가지를 희생하고서라도 그리스도를 얻지 않겠는가? 만일 그렇게 하기를 원한다면 지금 당장 자신의 죄를 회개하고 지금도 살아 계시고, 앞으로 재림하시어 세상을 심판하실 예수 그리스도를 개인의 구주로 마음속에 모셔 들이라.

그다음에는 생활의 철저한 변화가 따라온다. 바울 사도가 자신에게 유익하던 것을 "다 해로 여길뿐더러"(3:7)라고 했을 때 그 시제를 완료형으로 썼다. 이는 그가 과거 어느 시점에 이미 해로 여겼고 그 효력이 계속 발효되고 있음을 의미한다. 이는 구약에서 오른 귀를 뚫은 종의 경우와 같을 것이다. 종이 6 년간 일하면 칠 년째는 자유롭게 해 주라고 율법은 규정하고 있다. 그러나 만일 종이 영원한 종으로 남아있기를 자청하면 오른 귀를 송곳으로 뚫고 그 집에 있게 하라고 말씀했다(신 15:12-18).

우리가 어느 날 그리스도께 자신을 드렸다면 우리도 이처럼 오른 귀를 뚫은 사람이며, 바울 사도와 같이 이미 그리스도께 드려진 사람임을 기억해야 한다. 반면에 8 절에는 그 시제가 현재형으로 바뀌는 것을 볼 수 있다.

> 또한 모든 것을 해로 여김은(현재형) 내 주 예수 그리스도를 아는 지식이 가장 고상하기 때문이라(3:8).

이 시제로 보아 바울 사도의 결단은 계속 효력을 갖는 것일 뿐만 아니라 항상 유효했다. 바울 사도는 그가 가진 모든 것을 배설물로 여겼을 뿐만 아니라, 항상 그리스도 이외에 그 어떤 것도 의지하지 않았던 것을 볼 수 있다. 우리에게도 과거 그 어느 때 이처럼 그리스도만 의지하기로 작정한 때가 있었다면 계속해서 그 효력은 우리의 순종을 통해 생활 속에 나타나게 된다.

더 나아가서 우리에게 가장 고귀한 분을 알게 된다. 8 절 이하에서 바울 사도가 모든 것을 해로 여겼고 또 계속해서 여기고 있는 가장 큰 이유는 바로 예수 그리스도이시다. 그리스도를 깊이 알고 또 그리스도와 깊은 관계를 맺는 것이야말로 우리에게 가장 귀한 것이다. 정상적으로 예수를 믿는 사람은 날이 갈수록 그리스도에 대한 열정이 더 깊어진다. 또 가치관이 변하고 생활이 달라지고 그리스도가 날로 더 귀하게 여겨지는 것이 정상이다.

다. 날로 그리스도로 충만케 되고자 하는 우리의 열망(3:9-11)

질문 바울 사도가 모든 것을 버리고 배설물로 여긴 데에는 그럴만한 이유가 있었다. 바울 사도에게는 어떤 이유가 있었으며, 이를 우리에게 적용하려고 할 때 우리에게는 어떤 이유가 있는가?

힌트

바울 사도는 구원을 얻으려고 생명을 바쳐서 율법을 지켜보았으나 실패했다. 그러다가 다메섹 길에서 살아 계신 그리스도를 만나서 자신의 구원 문제를 해결했다. 그후 그의 인생관 전부가 바뀌었다. 세계관도 바뀌었다. 그에게는 그리스도께서 주시는 생명력이 약동하고 있었다. 그가 그리스도를 사모하고 열망했던 것은 당연한 일이었다. 이런 그의 열망은 최소한도 네 가지로 표현되었다.

① 그리스도를 얻고자 함으로 표현되었다(3:8 하).

그리스도를 얻기 위해서는 모든 것을 다 희생해도 좋다고 바울 사도는 말씀했다. 이는 그리스도를 아는 지식이 가장 고상하기 때문이다. 실로 그리스도를 찾는 이들에게 그리스도는 가장 고귀하다. 한 찬송가 작가는 이렇게 이 사실을 표현했다.

주 예수보다 더 귀한 것은 없네 …….

② 그 열망이 그리스도 안에서 발견되고자 함으로 표현되었다(3:9).

이는 소극적으로는 자신의 의(義)를 의지하지 않겠다는 뜻이고, 적극적으로는 그리스도의 의(義)로 옷 입겠다는 그의 결의를 나타내고 있다.

③ 그리스도를 좀 더 깊이 알려 함으로 표현되었다(3:10).

여기서는 우리가 어떻게 하면 그리스도를 더 깊이 알 수 있는가에 대해 언급하고 있다. 먼저 우리는 그리스도와의 인격적인 사귐이 없이는 그리스도를 더 깊이 알 수 없다. 그다음으로 우리가 그리스도와 동일시(同一視) 되지 않고서는 그리스도를 더 깊이 알 수 없다. 우리가 그리스도와 동일시된다는 것은 주님께서 십자가에서 죽으신 것처럼 우리가 죄와 세상에 대하여 죽은 것으로 알뿐만 아니라, 계속 그렇게 여기면서 사는 것을 의미한다. 이런 사람은 자신의 옛 사람(죄들과 죄짓는 성품까지도)이 그리스도와 함께 십자가에서 못 박혀 죽은 것으로 여긴다(롬 6:4-6). 더 나아가서 우리가 그리스도와 함께 십자가에서 죽었다고 여길 때 우리는 주님과 함께 살고, 부활하신 그리스도의 능력을 우리의 일상생활 가운데 체험하게 된다.

④ 그리스도의 부활에 참여하려는 것으로 표현된다(3:11).

이는 우리가 마지막 부활에 참여하게 되는 것을 의미한다. 그때 우리는 최종적으로 천국에 골인하게 되며 살아 계신 그리스도와 얼굴과 얼굴을 맞대고 만나게 된다. 더 나아가서 그리스도를 아는 우리의 지식이 극치에 이를 것이다.

이 과를 마치면서

예수께서는 "천국은 마치 밭에 감추인 보화와 같으니 사람이 이를 발견한 후 숨겨 두고 기뻐하며 돌아가서 자기의 소유를 다 팔아 그 밭을 사느니라"(마 13:44)라고 말씀하셨다. "또 천국은 마치 좋은 진주를 구하는 장사와 같으니 극히 값진 진주 하나를 발견하매 가서 자기의 소유를 다 팔아 그 진주를 사느니라"(마 13:45-46)라고 말씀하셨다.

바울 사도는 "밭에 감추인 보화"와 "값진 진주"를 발견했다. 이 귀한 선물을 얻은 이상 자기가 갖고 있던 것을 모두 잃어버려도 상관이 없었다. 오늘날도 값진 진주 되시는 참 그리스도를 만난 사람들은 바울 사도처럼 모든 것을 잃어버려도 아깝지 않게 생각한다. 그처럼 귀하신 예수 그리스도를 세상 모든 족속에게 하루속히 전해서 그들도 그런 축복을 누리게 해주어야 한다.

나의 기도

하나님 아버지, 우리가 그리스도를 안다고 했으나 너무 피상적으로만 알았습니다. 우리 눈이 과거 우리가 자랑하던 것들에 가려져서 영광스러운 주님의 모습을 희미하게 밖에 보질 못하고 지금까지 지냈습니다. 이는 마치 모세가 율법이 주는 영광이 자기 얼굴에 계속 나타나서 주님의 영광의 광채를 회중들이 보지 못하게 하는 것이 안타까워서 얼굴에 수건을 쓴 것과 같습니다(고후 3:7-11). 행여 우리도 모세의 경우처럼 다른 것으로 주님의 영광을 덮어버리지나 않을까 두렵습니다. 우리 삶과 사역과 모습 속에서 계속 주님의 영광의 빛이 강하게 비추게 해 주시기 바랍니다. 세상 모든 족속이 이 영광의 빛을 보고 주님을 알게 해 주시기 바랍니다. 아멘.

적용하기

1. 우리의 신앙생활에는 3:3 에서 말씀하고 있는 세 가지 면이 모두 나타나고 있는가? 만일 나타나지 않는 부분이 있다면 그 이유는 무엇인가? 조용히 묵상하고 어떤 결심을 해야 하는가에 대해 구체적으로 나누라.

2. 우리는 과연 바울 사도처럼 그리스도를 위하여 모든 것을 해로 여긴 적이 있을까? 없다면 그 이유는 무엇일까(3:7-8)?

3. 우리는 그리스도를 얼마나 사모하고 있는가? 3:9-11 에 있는 네 가지 표현 중 어떤 것이 부족한가? 우리도 바울 사도처럼 그리스도를 간절히 열망하는 자가 되려면 무엇이 필요한가?

7

완전해져 가는 삶

빌립보서 3:12-21

묵상할 구절들

내가 이미 얻었다 함도 아니요 온전히 이루었다 함도 아니라 오직 내가 그리스도 예수께 잡힌 바 된 그것을 잡으려고 달려가노라 형제들아 나는 아직 내가 잡은 줄로 여기지 아니하고 오직 한 일 즉 뒤에 있는 것은 잊어버리고 앞에 있는 것을 잡으려고 푯대를 향하여 그리스도 예수 안에서 하나님이 위에서 부르신 부름의 상을 위하여 달려가노라 그러므로 누구든지 우리 온전히 이룬 자들은 이렇게 생각할지니 만일 어떤 일에 너희가 달리 생각하면 하나님이 이것도 너희에게 나타내시리라 오직 우리가 어디까지 이르렀든지 그대로 행할 것이라(3:12-16).

형제들아 너희는 함께 나를 본받으라 그리고 너희가 우리를 본받은 것처럼 그와 같이 행하는 자들을 눈여겨 보아라 내가 여러 번 너희에게 말하였거니와 이제도 눈물을 흘리며 말하노니 여러 사람들이 그리스도의 십자가의 원수로 행하느니라 그들의 마침은 멸망이요 그들의 신은 배요 그 영광은 그들의 부끄러움에 있고 땅의 일을 생각하는 자라 그러나 우리의 시민권은 하늘에 있는지라 거기로부터 구원하는 자 곧 주 예수 그리스도를 기다리노니 그는 만물을 자기에게 복종하게 하실 수 있는 자의 역사로 우리의 낮은 몸을 자기 영광의 몸의 형체와 같이 변하게 하시리라 (3:17-21).

그리스도인들이 이 세상에 사는 한 완전하다고 장담할 수 있을 때는 없다. 오히려 불완전한 면을 완전한 면보다 더 많이 갖고 사는 것이 그리스도인들의 실제 삶일 것이다. 바울 사도는 그 누구보다도 완전한 사람 같았으나 그도 다른 사람들과 같이 자신의 불완전을 시인할 수밖에 없었다. 평생 완전해지기 위하여 달려갈 길을 달려갔고, 선한 싸움을 싸웠고, 하나님을 위하여 자신의 몸을 산 제물로 불태웠지만, 아직 그는 온전해졌다고 외칠 수가 없었다.

그런 사실이 우리에게 실망이 될 수도 있다. 아무리 해도 도달하지 못하는 것 때문에 처음부터 그만두는 것이 낫다라고 체념할 수도 있을 것이다. 하지만 정상적인 그리스도인이라면 그 누구도 완전해지고자 하는 경주를 그만둘 수 없다. 우리는 그리스도의 장성한 분량에 이를 때까지 완전을 향한 달음질을 그만둘 수 없다. 우리가 하나님의 인격을 본받을 때까지, "하나님의 택하신 거룩하고 사랑하신 자처럼" 될 때까지 우리는 이 경주를 그만둘 수가 없다(엡 4:13; 5:1; 골 3:12). 그렇다면 이런 의욕이 어디에서 나오는 것일까? 여기서는 두 가지 일반적인 이유만을 들어보기로 하겠다.

① 우리가 추구하는 것이 현실성과 영구성을 동시에 지니고 있기 때문이다. 우리가 아무 노력을 하지 않더라도 주님께서는 우리를 완전케 해 주실 수 있었을 것이다. 그러나 주님께서 그런 방법을 채택하지 않으시고 우리의 '피와 땀'을 존중하셨다. 우리가 성화되는 과정 중에 순종하고, 인내하고, 하나님을 위하여 열심을 갖는 것을 무시하지 않

으셨다. 바울 사도도 그런 경험을 했던 것이 분명하다. 이런 사실은 다음과 같은 말씀들을 통해서도 알 수 있다.

> 오직 내가 그리스도 예수께 잡힌 바 된 그것을 잡으려고 달려가노라(3:12).

주님께서는 우리의 힘만으로 완전을 달성하도록 내버려 두시지 않았다. 우리가 완전을 이루어 가는 과정에 개입하셔서 도우실 뿐만 아니라, 종말에는 주권적으로 우리를 온전케 변화시키실 것이다.

> 그가 만물을 자기에게 복종하게 하실 수 있는 자의 역사로 우리의 낮은 몸을 자기 영광의 몸의 형체와 같이 변하게 하시리라(3:21).

② 우리가 추구하는 완전(perfection)이 한없이 귀중하고 값진 것이기 때문에 우리는 중도에 포기하지 않고 계속 추구한다. 그리스도인이 완전케 된다는 것은 그리스도께 더욱더 가까이 가는 것을 의미한다. 그리스도의 형상이 우리 가운데 더욱더 이루어지는 것을 의미한다.

다음과 같은 교훈을 얻을 수 있다.

- 완전케 된 것으로 착각하지 말라(3:12 상, 13 상).
- 완전케 될 수 있도록 경주해야 한다(3:12 하, 13 하, 14-19).
- 완전케 될 수 있는 약속을 의지해야 한다(3:20-21).

가. 완전케 된 것으로 착각하지 말라(**3:12** 상, **13** 상)

질문 우리는 과연 성숙의 목표를 어디에 두어야 하며 언제 그런 목표를 정해야 하는가? 지금 나의 신앙은 어느 정도 자랐다고 생각하는가?

힌트

10년 이상 사역을 한 어느 목사님이 명문 신학교에 가서 공부한 후에 얻은 결론은 다음과 같았다. “나는 내가 모른다는 사실을 알게 되었다.” 하나님의 진리에 가까이 가면 갈수록 그 광대함과 심오함에 대하여 경악(驚愕)을 금치 못한다. 바울 사도도 회심한 이후 자신의 생애를 거의 다 소비한 후에 가서 내린 결론이 “내가 이미 얻었다 함도 아니요 온전히 이루었다 함도 아니라”(3:12)는 것이었다. 우리가 가장 깨뜨리기 힘든 것 중의 하나는 자신이 이미 온전케 되었다는 착각이다. 이런 착각에 빠진 사람은 마음이 굳어져 있어 지혜서(잠언 등) 기자가 다음과 같이 말한 것이 그에게도 해당한다.

> 미련한 자를 곡물과 함께 절구에 넣고 공이로 찧을지라도
> 그의 미련은 벗겨지지 아니하느니라(잠 27:22).

바울 사도는 영적으로 온전케 되었다고 생각하는 사람들의 미련한 생각을 깨뜨리기 위하여 이 구절을 썼을 것이다. 그런 미련한 사람 중에는 영지주의적인 생각을 하는 사람들이 있었다. 영지주의자들은 영과 물질을 분리하여 영은 좋다고 하고 모든 물질계를 죄악시한 사람들이다. 이들은 2세기경에 본격적으로 나타났다. 이들은 주로 삶과 행동은 변하지 않은 채 신비스러운 지식만 추구하였다. 오늘날도 이처럼 이원론적(혹은 이중적)인 생활을 하는 사람들이 얼마든지 있다. 입으로는 영적 사실을 말하나 삶과 행동은 예전이나 다름없다. 이런 사람들에 대한 처방은 다음과 같다.

① 기준과 다시 대조하고 확인해 보라. 우리의 기준은 그리스도이시다. 그리스도에게 우리를 비추어볼 때 “나는 아직 도달하지 못했다”(3:12상)라고 시인할 수밖에 없다. 타락한 우리의 성품에 약간의 지식을 보탠다고 해서 우리가 온전해질 수 없다. 우리는 평생동안 그리스도의 형상을 본받기 위해 성장해야 한다.

② 자신이 얼마나 완숙했는가를 보지 말고 그리스도의 온전함을 보라. 바울 사도는 "오직 한 일 즉 뒤에 있는 것은 잊어버리고"(3:13 상)라고 했다. 그는 극적으로 구원받은 경험, 아라비아 광야에서 깨달은 신비, 심지어는 삼층천(三層天)에서 보고 들은 엄청난 사실들(고후 12:1-5)까지도 앞으로 깨달을 그리스도의 깊이에 비하면 아무것도 아니라고 했다.

나. 온전케 되기 위해 경주하라(3:12 하, 13 하, 14-19)

질문 우리는 어떤 자세로 계속 최선을 다해서 살아야 하는가? 우리가 과연 어떤 목표를 가지고 그렇게 해야 하는가?

....

....

....

....

힌트

바울 사도는 자신이 아직 온전케 됨을 얻지 못했다는 사실을 다음과 같이 강조했다.

> 이미 얻었다 함도 아니요 온전히 이루었다 함도 아니라(3:12 상).
> 오직 한 일 즉 뒤에 있는 것은 잊어버리고(3:13 하).

이 부분이 소극적인 면이었다면, 바울 사도는 이제 적극적인 면을 다음과 같이 말씀하고 있다.

> 잡으려고 달려가노라(3:12 하).
> 앞에 있는 것을 잡으려고(3:13 하).
> 푯대를 향하여(3:14 상).

> 상을 위하여 달려가노라(3:14 하).
> 오직 우리가 어디까지 이르렀든지 그대로 행할 것이라 (3:16).

그리스도인들은 과거에 성취해 놓은 업적만 보고 살아도 안 되고, 또 미래에 다가올 이상(理想)만 기다리며 살아도 안 된다. 현재 맡겨진 일을 해야 한다. 먼저는 하나님 말씀을 날마다 새롭게 깨닫고 순종해야 한다. 다음으로 미래에 하나님 왕국이 완성된 후 누리게 될 것을 앞당겨 누려야 한다. 이를 위하여 다음과 같은 활동이 필요하다.

① 전심으로 경주하라. 바울 사도는 할 수 있는 대로 온 힘을 다하여 그리스도께서 우리를 구원하신 뜻을 이루려고 달려간다고 했다(3:12 하). 또 13 절 하반절에서도 똑같은 말씀을 했다. 특히 여기서 쓰인 단어의 시제(현재분사 중간태)는 문법적으로 볼 때 자신의 의지를 사용해서 계속적이고도 집요하게 달려가는 것을 의미한다고 볼 수 있다. 이는 마치 경주에서 승리를 앞에 놓고 경주하듯이 하는 것을 의미한다. 우리도 주님의 형상을 닮아 가기 위해 그처럼 경주해야 한다.

② 목표를 똑바로 보고 경주하라. 푯대는 경주하는 사람이 가야 할 방향을 나타내 주는 것이다(3:14 상). 우리의 경주는 향방 없이 하는 것이 아니다. 우리는 그리스도의 온전한 데까지 이르도록 경주해야 한다.

③ 가장 귀중한 것을 얻으려는 사람처럼 경주하라. 주석가 핸드릭슨(Hendriksen)은 이렇게 말했다.

> 경주 중 우리의 목표(푯대)는 뛰는 동안 우리의 시선이 흐트러지지 않게 하고, 상은 경주 후에 우리를 기다리는 영광을 생각하며 뛰게 한다.

우리에게는 가장 귀한 것이 마지막에 기다리고 있다. 그러나 지금도 그 귀한 것을 맛보아야 한다. 지금은 제한적으로 맛보지만, 그

때는 완전히 맛보게 될 것이다. 또 가장 귀한 것은 '하나님의 부르심'과 연관성이 있다(3:14 하). 과연 이 하나님의 부르심은 무엇을 의미할까? 먼저는, 하나님께서 우리를 죄와 사단과 세상의 삶 가운데서 불러내신 부르심이다. 주 중의 주, 왕 중의 왕이 먼지만도 못한 우리를 부르셨다. 즉, 우리를 구원하시고 하나님의 자녀로 만들어 주셨다. 따라서 우리는 그 부르심에 합당하게 살아야 한다.

④ 꾸준히 경주하라. "우리(소위) 온전히 이룬 자들"(3:15)은 모두가 다 지금까지 말한 대로 자신이 다 이루었다고 생각하지 말고 열심히 경주하라고 바울 사도는 말씀했다.

⑤ 한눈팔지 말고 경주하라. 빌립보에는 바울 사도의 본을 좇지 않고 "십자가의 원수"(3:18 하)가 되어 "멸망"을 향하여 달음질치며, 자신의 "영광"을 위하여 사는 사람들이 있었다(3:19 상). 그 당시 자유방임적 색채 위에 영지주의적 성격을 가진 유대주의자들이 빌립보 교회의 분위기를 흐려놓고 있었을 가능성이 있다(오스본). 바울 사도는 이런 상황 가운데서 옆을 보지 말고 자신을 본받아 계속 주님을 향해 달려가라고 명하고 있다.

다. 완전케 될 수 있다는 약속을 믿어야 한다(3:20-21)

질문 우리에게는 어떤 약속이 있으며, 이런 약속이 이 세상을 사는데 어떤 영향을 줄 수 있는가에 대해 서로 의견을 나누라.

힌트

빌립보에 살고 있던 잘못된 사람들의 또 한 부류는 세상밖에 모르는 사람들이었다. 그러나 참된 그리스도인들은 세상에 살고 있지만, 하늘의 시민권을 가진 사람들이다. 모든 그리스도인은 이중국적(二重國籍)을 가진 사람들이다. 우리에게 이 세상 국적은 필요 없고 천국의 국적만 필요한 때가 곧 올 것이다. 그때 비로소 우리는 완전한 상태에 도달할 것이다. 우리는 그때를 기다리며 이 세상에서 이중국적을 잘 사용하며 살아야 한다.

주님께서는 그때 비로소 친히 우리를 완전히 변화시키실 것이지만 우리가 그때만 기다리고 손을 놓고 아무것도 하지 않아도 된다는 뜻은 아니다. 지금도 우리가 해야 할 부분이 있다. 먼저는 우리가 열심히 우리의 구원을 이뤄가고 성화되어야 한다(2:13; 3:12, 14). 그다음 우리는 열심히 복음을 이 세상 모든 족속에게 전파해야 한다(딤후 4:2 참조). 그러나 주님이 어느 날 우리를 데리러 오실 때 우리 모두는 순식간에 부활의 몸으로 변화하게 된다. 그때는 하나님께서 주권적으로 예수를 부활케 하신 성령님의 역사를 통하여(롬 8:11) 우리를 완전케 하실 것이다. 주께서 만물을 통치하는 능력으로 우리를 변화시키실 것이다.

주께서 우리의 낮은 몸을 "영광의 몸"으로 변화시키실 것이다(3:21 하). 우리는 그때까지 열심히 주님께서 우리에게 당부하신 지상명령을 따르며, 모든 족속이 하나님의 자녀가 될 수 있도록 최선을 다해야 할 것이다.

이 과를 마치면서

현 세상에서 모든 것을 얻을 수 있다고 믿는 종교들이 이 세상에는 허다하다. 또 많은 사람이 그런 종교에 대해 매력을 느낀다. 인간이 인간의 노력으로 부처도 되고, 도사도 되고, 현인도 되고, 철인도 된다는 것이 얼마나 멋있는 말인가! 사람들은 그렇게 됐다고 생각하는 이들을 우러러보고 숭배한다. 하지만 빌립보서 3:12-21 을 읽어본 사람들은 이와 달리 생각하게 될 것이다. 하나님께서 주님의 모든 자녀에게 주시리라고 약속하신 '완전함'의 아름다움을 조금이라도 맛본 사람들은 인본주의적인 모든 완성이 시시하게 느껴질 수밖에 없다. 우리에게 약속하신 완전함은 우리가 이룬 것에 의해서 된 것이 아니다. 오직 만물을 만드시고 통치하시는 하나님의 손으로 손수 만들어 가실 것이다. 그리고 그런 것은 특별한 사람에게만 주어지는 것이 아니라, 푯대를 향하여 달려가는 모든 그리스도인에게 주어지는 영광스러운 약속이다.

나의 기도

하나님 아버지, 이 세상에 사는 한 우리는 어느 때에도 다 이루었다고 할 수 없습니다. 아니 이미 이뤄진 것도 아주 보잘것없을 정도로 미미하게만 느껴집니다. 앞으로도 우리 힘만으로 주님께서 보여 주시는 그런 이상적인 상태를 이뤄가기에는 너무 부족합니다. 그렇기에 우리는 주님께서 우리 안에서 역사하시는 대로 열정을 품고 계속 주님께서 이루시기를 원하시는 온전한 성숙을 향해 달려갈 것입니다. 이를 위해 우리를 부르신 것에 대해 한없는 감사를 드리면서 동시에 한없는 도전을 느낍니다. 우리는 절대로 포기하지 않고 주님의 형상을 닮아 가는 길에서 정진할 것입니다. 우리만 아니라 이 세상 모든 족속이 하루속히 이런 위대한 삶에 동참하게 해 주시기 바랍니다. 이들을 통해서도 주님께서 영광을 받으셔야 합니다. 아멘.

적용하기

1. 나는 우리의 기준 되시는 그리스도와 비교해 보았을 때 어디까지 왔는가? 어떤 면이 부족한가? 구체적으로 어떤 면이 부족한가? 기도하며 새롭게 목표를 세워보라(3:12).

2. 나는 계속 자라고 있는가? 만일 자라지 못하고 있다면 자라지 못하는 이유는 무엇인가? 그리스도를 더욱더 알고 싶은 갈급함이 생길 수 있도록 기도하라.

3. 나는 그리스도께 영광 돌리기 위하여 전심으로 경주하고 있는가(3:12-14)?

4. 나는 어느 날 주님과 같은 영광의 몸을 갖게 된다. 그때까지 어떻게 살 것인가를 결심하고 이를 이행하라(3:21).

8

평범한 사람을 위한 위대한 삶

빌립보서 4:1-9

묵상할 구절들

그러므로 나의 사랑하고 사모하는 형제들, 나의 기쁨이요 면류관인 사랑하는 자들아 이와 같이 주 안에 서라 내가 유오디아를 권하고 순두게를 권하노니 주 안에서 같은 마음을 품으라 또 참으로 나와 멍에를 같이한 네게 구하노니 복음에 나와 함께 힘쓰던 저 여인들을 돕고 또한 글레멘드와 그 외에 나의 동역자들을 도우라 그 이름들이 생명책에 있느니라(4:1-3).

주 안에서 항상 기뻐하라 내가 다시 말하노니 기뻐하라 너희 관용을 모든 사람에게 알게 하라 주께서 가까우시니라 아무 것도 염려하지 말고 다만 모든 일에 기도와 간구로, 너희 구할 것을 감사함으로 하나님께 아뢰라 그리하면 모든 지각에 뛰어난 하나님의 평강이 그리스도 예수 안에서 너희 마음과 생각을 지키시리라(4:4-7).

끝으로 형제들아 무엇에든지 참되며 무엇에든지 경건하며 무엇에든지 옳으며 무엇에든지 정결하며 무엇에든지 사랑 받을 만하며 무엇에든지 칭찬 받을 만하며 무슨 덕이 있든지 무슨 기림이 있듣지 이것들을 생각하라 너희는 내게 배우고 받고 듣고 본 바를 행하라 그리하면 평강의 하나님이 너희와 함께 계시리라(4:8-9).

한 저명한 기독교 상담학자는 정신건강에 대하여 다음과 같이 역설적인 설명을 했다.

- 환경 여하를 막론하고 적응하는 것을 의미하지 않는다.
- 모든 염려나 긴장으로부터의 해방을 받아야 하는 것을 의미하지 않는다.
- 모든 불만으로부터의 해방을 의미하지도 않는다.
- 항상 동화(同化)되는 것을 의미하지 않는다.
- 항상 행복한 것을 의미하지 않는다.
- 개인적인 괴팍함이 하나도 없는 상태를 의미하지 않는다.
- 종교적인 가치관으로부터 완전히 자유로워지는 것을 의미하지도 않는다.

심리학자가 아니라도 정신건강에 부정적인 요소가 하나도 없고, 긍정적인 것들만 있는 것은 아니라는 사실을 쉽게 알 수 있다. 시험을 앞둔 입시생은 어느 정도 불안감을 느끼는 것이 정상이고, 하나님의 기준이 완전히 파괴되고 멸시되는 곳에서는 비록 성숙한 그리스도인이라도 쉽게 적응하지 못하고 괴로워 몸부림치게 되는 것이 정상이다.

하나님께서는 인간이 죄를 범하여 타락한 후에 세상에서 사는 것이 쉽지 않을 것이라고 이미 귀띔해 주셨음을 다음 성경구절을 통해서도 알 수 있다.

> 또 여자에게 이르시되 내가 네게 임신하는 고통을 크게 더하리니 네가 수고하고 자식을 낳을 것이며 너는 남편을 원하고 남편은 너를 다스릴 것이니라 하시고 아담에게 이르시되 네가 네 아내의 말을 듣고 내가 네게 먹지 말라 한 나무의 열매를

> 먹었은즉 땅은 너로 말미암아 저주를 받고 너는 네 평생에 수고하여야 그 소산을 먹으리라(창 3:16-17).

희망적인 사실은 하나님께서 인간이 가진 약함과 부족한 면과 부정적인 요소까지도 창조적으로 사용해 오셨다는 점이다. 바울 사도는 그런 경험을 한 마디로 함축해서 다음과 같이 표현했다.

> …… 내가 약한 그 때에 강함이라(고후 12:10).

역사적으로도 역경 가운데 처해 있는 사람들을 하나님께서 크게 쓰셔서 많은 사람에게 축복을 끼치도록 하신 것을 볼 수 있다. 우울증 때문에 항상 쫓기던 스펄전 목사나, 신체적으로 허약하여 정상적인 체육 활동을 즐기지 못했던 키에르케코르, 칼뱅 등이 좋은 예이다. 이들은 한결같이 자신의 어려움을 불태워 얻은 에너지로 상상할 수 없는 축복을 인류에게 끼친 사람들이다. 바울 사도는 빌립보서 4:1-9에서 약하고 부족하기 짝이 없는 우리도 이들과 같이 위대한 삶을 살 가능성을 제시하고 있다. 그런 삶을 살 수 있는 치방이 본문 가운데 나와 있다.

- 주 안에 서라(4:1).
- 주 안에서 서로 용납하라(4:2-3).
- 주 안에서 옳은 삶의 자세를 갖고 살라(4:4-9).

가. 주 안에 서라(4:1)

질문 이 말씀에 비추어 볼 때 우리는 어떤 자세를 가지고 살아야 하는가 (3:17-21 참조)? 특히 우리가 사는 '혼란스러운 세대'(disturbing world)[1]의 관점에서 볼 때 과연 그런 권고가 얼마나 유효한 것인가에 대해 서로 나누라.

힌트

> 우리는 종종 아무런 문제나 시련도 없이 사는 것이 성공적인 그리스도인의 생활인 것처럼 착각하기가 쉽다. 그러나 신앙인의 생활이 평탄한 것만은 아니다. 때로는 세상 풍조대로 자신을 떠맡기며, 세상 풍조에 키(타륜, 舵輪)를 맡기고 사는 것이 훨씬 더 평탄한 생활인 것처럼 느껴질 때도 있을 것이다. 하지만 그리스도인의 생활 기준은 세상의 생활 기준과 다르다. 따라서 정상적인 그리스도인이 생활하려면 세상과 싸워야 할 때도 있고, 타협하지 않아 오히려 꺾이는 아픔을 느낄 때도 있다.
>
> 이런 때일수록 우리가 기억해야 할 것이 있다. 우리가 의뢰하는 것이 우리의 의지력이나 인간적인 청렴함뿐이라면 우리는 결국 쓰러지고 흔들리고 자신에 대하여 실망해 버리고 말 것이다. 그러나 우리가 그리스도 안에 서 있다면 이야기는 다르다. 이런 사람들은 최소한 두 가지의 근원으로부터 도움을 받을 수 있다.

---

1 2013 년 세계복음주의연맹 선교위원회(WEA Mission Commission)의 포럼에서 내린 현 세상에 대한 평가이다.

먼저 제일 중요한 근원은 그리스도이시다. 우리는 믿는 순간 그리스도의 지체가 되었으므로 우리가 아프고 괴로울 때 주님도 이를 아시게 된다. 주님은 또 우리의 주인이시며 우리의 구세주이시며 우리 안에 거하신다. 주님과 우리 사이에는 신비로운 연합이 이루어졌다. 성경은 이러한 상태를 간단히 '그리스도 안에' 혹은 '주 안에' 우리가 거하고 있다고 표현했다. 이 밖에도 그리스도인들의 도움의 근원은 얼마든지 있다. 그중의 하나가 '영적 부모'이다. 바울 사도는 빌립보 교인들에게는 영적 부모였다. 더 넓게는 교회가 있다. 그가 빌립보 교인들을 얼마나 사모하고 사랑했는가를 다음 표현을 통해서 알 수 있다.

> 나의 사랑하고 사모하는 형제들, 나의 기쁨이요 면류관인 사랑하는 자들아(4:1).

그리스도인들에게는 세상에서 찾아보거나 느낄 수 없는 영친(靈親) 관계가 형성된다. 그리고 성숙한 영적 부모(교회)는 자신의 생명보다 그 영적 자녀의 안녕과 성장을 더 중요시하게 된다(살전 3:8). 빌립보서 1:27, 28 과 3:17-19 에서 보는 바와 같이 빌립보 교인들은 그릇된 교리 때문에 흔들리고 있었다. 하지만 이들에게는 바울 사도와 같은 영적 부모의 권고가 있었고, 또 그리스도 안에 견고하게 서 있었기 때문에 능히 견딜 수가 있었다.

나. 주 안에서 서로 용납하라(4:2-3)

질문 그리스도인들 사이에도 불화가 있을 수 있는가? 이런 질문은 아마 어리석은 질문일 것이다. 때에 따라서는 세상 사람들보다 오히려 그리스도인들 사이에서 불화가 더 많은 것처럼 느껴지기 때문이다. 그 이유가 무엇이며 이를 어떻게 해결할 수 있는가?

다른 사람을 용납하기 위해서 가장 필요한 것은 존경심이다. 존경심이 없이는 다른 사람을 용납하기는커녕 오히려 무시할 수가 있다. 특히 나와 경쟁의 대상이 되는 사람들끼리는 더욱더 용납하기가 어렵다. 이런 경우 내 생각은 언제나 맞고 다른 사람의 생각은 언제나 좀 부족하게 느껴지는 수가 많다.

빌립보 교회의 유오디아와 순두게는 바로 그런 라이벌 관계였던 것 같다. 이들이 자신들의 생각대로 서로를 보는 한 문제는 해결되지 않았을 것이다. 또 이들이 이견(異見)을 갖게 됨으로써 이들을 편드는 여러 사람까지도 서로 나뉘는 결과를 초래했을 것이다. 그러나 이들이 "주 안에서 같은 마음을 품으라"는 바울 사도의 권면을 듣고 실행하는 순간 문제는 해결되었을 것이다.

우리가 "주 안에서" 자신들을 볼 때 자신의 참된 모습을 보게 된다. 우리는 모두 주님의 십자가의 공로가 아니었다면 영원히 저주받을 존재였다는 사실을 발견하게 된다. 이렇게 주 안에서 참 자아(自我)를 발견한 사람은 바울 사도처럼 다음과 같이 외칠 수밖에 없다.

> …… 죄인 중에 내가 괴수니라 그러나 내가 긍휼을 입은 까닭은 예수 그리스도께서 내게 먼저 일체 오래 참으심을 보이사……(딤전 1:15-16).

그런 사람은 이제 다른 사람을 제대로 볼 수 있는 눈이 뜨이게 된다. 그때 그는 자기 자신의 눈에 있는 들보에 비하면 다른 사람의 눈에 있는 것은 티에 불과하다는 사실을 발견할 수 있게 되고, 상대방을 진심으로 존경할 수 있게 된다. 담임교역자가 부교역자를, 목사가 장로를, 장로가 제직들을, 성도가 성도를 서로 먼저 존경할 때 한국교회는 천국의 파견소가 될 것이다. 그런 교회는 결코 그 에너지를 서로 상처 주는 일에 낭비하지 않고, 교회 안이나 밖에 있는 우리의 도움이 필요한 사람들을 위해 수많은 무명의 "여인들과 글레멘드"(4:3)처럼 효과적으로 사용하게 될 것이다.

이렇게 될 때 비로소 한국교회는 세상을 선도(善導)하고 경책(警責)할 수 있는 직분을 되찾게 될 것이다. 이것이 소위 선교적 교회(missional church)의 참모습이다. 참고로 '선교적 교회'란 교회가 삼위일체 하나님의 선교적인 본질을 회복하여 세상을 향한 삼위일체 하나님(*missio Dei*)의 선교에 동참하는 의미로서의 교회의 선교를 말한다.

다. 주 안에서 옳은 삶의 자세를 가지고 행하라(4:4-9)

여기서부터는 좀 더 개인적인 생활 자세에 대한 것을 말씀하고 있다. 영국의 유명한 주석가 모울(H.C.G. Moule)은 이 구절들에 대하여 다음과 같이 말하고 있다.

> 바울 서신 중에서도 여기에 기록된 구절들처럼 영적으로 부요한 내용을 짧은 몇 구절로 표현한 곳은 그다지 많지 않다. 이는 지극히 귀한 약속들이며 황금과 같은 계명들이다.[2]

우리가 이 계명들을 순종할 때 빌립보 교인들이 경험했던 것처럼 우리도 이 세상에서 참된 생활을 할 수 있을 것이다.[3] 이런 생활은 천국의 전주곡이 될 수 있다. 이는 바울 사도가 살던 때와 현 세상을 위한 불변하는 지침이다.

---

2 H. C. G. Moule, *Philippian Studies* (Pickering & Inglis, 1975), 231.

3 Alec Motyer, *The Message of Philippians,* The Bible Speaks Today (Leicster, England: IVP, 1985), 210-13. The Word of God is saying to us that, if we want to enjoy the promises, then we must obey the commands. We shall spell out these commands as four laws.

주 안에서 항상 기뻐하라(4:4)

질문 과연 우리가 항상 기뻐하고만 하고 살 수 있을까? 우리 상황이 어려운데도 기뻐할 수 있을까? 그럴 수 있다면 그 이유는 무엇인가?

힌트

기쁨은 행복과 다르다. 행복은 환경에 많이 좌우된다. 재물이 있거나, 건강하거나, 대학에 성공적으로 입학하거나, 좋은 직장을 가졌을 때 사람들은 종종 행복하다고 말한다. 이들에게는 이런 것들이 없을 때 행복도 사라질 수 있다. 기쁨은 좀 다르다. 행복할 수 있는 조건이 없는 가운데서도 우리는 기쁨을 누릴 수가 있다. 그 이유는 여기에서 말하고 있는 기쁨이 세속적인 것이 아니라, 하늘에 속한 것이기 때문이다. 이 기쁨은 "주 안에서" 발견되는 것이다. 주님과의 지속적인 교제를 통하여 성령께서 우리 생활 중에 주시는 열매 중의 하나이다. 또 바울 사도는 로마서 14:17 에서 기쁨이 의와 평강과 함께 하나님 나라의 세 요소 중의 하나라고 말씀하였다.

예수 그리스도를 믿는 사람들은 하나님 나라에 이미 들어왔으므로 기쁨을 누리며 살아야 마땅하다. 또 성령께서 우리 마음속에 계심으로 생활 가운데 기쁨의 열매를 맺을 수 있다. 어느 날 하나님의 나라가 완성될 때 우리는 완전한 기쁨을 맛보며 살게 될 것이다. 그때까지 우리는 필요할 때마다, 시시때때로, 더 나아가서는 "항상" 주 안에서 기뻐하며 사는 것을 배워야 한다.

너희 관용을 알게 하라(4:5)

질문 우리 마음에 맞는 사람에게 너그럽게 대하기는 그다지 어렵지 않다. 여기서는 내게 잘하는 사람에게뿐만 아니라 "모든 사람"에게 그렇게 하라고 권고하고 있다. 과연 그런 것이 가능할까? 만일 가능하다면 그 근거는 무엇인가?

....

....

....

....

힌트

그렇게 관용을 타인에게 베푼다는 것은 자기 자신을 쏟아주는 것을 의미한다. 자아가 강한 사람은 그렇게 자신을 쏟아줄 수 없다. 자기 자신을 쏟아준 사람 중 가장 으뜸가는 모델은 역시 예수님이시다. 주님께서는 이 세상에서 사실 때에도 자신을 다른 사람에게 쏟아주셨다. 그런 생활의 극치가 십자가상에서 나타났다. 주님께서는 마지막으로 자신의 목숨 자체를 쏟아주셨다. 이제 우리도 그런 생활을 하라고 성경은 말씀하고 있다. 여기에서는 우리가 모든 사람을 위하여 관용을 보여야 할 이유에 대해 최소한 두 가지로 말씀하고 있다.

첫째, 주께서 우리와 함께 계시기 때문이다. 주님께서는 우리와 가까이 계시며 우리를 격려하심으로써 우리가 관용을 베풀도록 하신다. 둘째, 주님께서 곧 오시리라는 약속 때문이다(여기에서는 이 뜻이 더 강함). 주님께서 오실 날이 멀지 않았기 때문에 우리는 서로 불쌍히 여기며 모든 사람을 위하여 관용을 베풀어야 한다. 한 주석가는 그리스도인들이 이처럼 관용을 베푸는 것은 그들이 우유부단하기 때문이 아니라, 주께서 곧 오셔서 모든 것을 심판하실 것이기 때문이라고 주장하고 있다. 주께서 오실 때 모든 눈물을 씻어 주시고, 모든 공의를 이루시고, 모든 악을 심판하실 것이다. 그러므로 우리는 스스로 원수 갚을 필요가 없다. 다만 용서하고 긍휼을 베풀어서 그들도 주께서 오시기 전에 구원을 체험할 수 있게 하는 것이 우리의 소원이다(롬 12:17-21).

오늘 당신의 마음속에 있는 모든 악의와 원통함과 분함을 쏟아 버리라. 만일 주께서 오시지 않고 이 세상을 공의로 심판하지 않으신다는 확신이 있으면, 당신은 계속 괴로워하고 악을 행하는 이들을 미워하고 원수를 직접 갚아라. 그러나 주께서 오실 것이 분명하다면 모든 사람을 향하여 불쌍히 여기는 마음을 가지라.

아무것도 염려하지 말라(4:6-7)

질문 우리가 염려하지 않아도 되는 이유는 무엇인가? 우리가 염려하지 않아도 된다는 것과 우리가 미리 대비해서 염려할 것들을 미리 방지해야 하는 것과는 어떤 관계가 있는가?

힌트

어떤 염려는 믿음이 없어서 오는 것이다. 이런 염려는 하지 말라고 주께서 권고하신다. 주께서는 이 세상에 사실 때에도 쓸데없는 염려를 하지 말라고 누누이 권고하셨다. 우리가 하나님의 뜻 가운데 있다는 사실만 분명하면 우리는 어떤 염려도 할 필요가 없다. 주께서는 다음 비유를 통하여 이런 사실에 대해 말씀하셨다.

> 공중의 새를 보라 심지도 않고 거두지도 않고 창고에 모아 들이지도 아니하되 너희 하늘 아버지께서 기르시나니 너희는 이것들보다 귀하지 아니하냐 너희 중에 누가 염려함으로 그 키를 한 자라도 더할 수 있겠느냐(마 6:26-27).

반면에 어떤 염려는 정당하다. 설교자가 설교를 제때 준비하지 못했거나, 학생이 시험 준비를 하지 못한 채 시험 날짜가 다가오거나, 어린 자녀가 심한 병을 앓아 열이 40 도를 오르내릴 때 왜 그의 부모에게 염려가 없겠는가! 그러나 이와 같은 정당한 염려까지도 우리는 잘 처리하지 않으면 안 된다. 어떻게 이를 처리할 수 있을까?

첫째, 우리는 염려 대신에 열심히 기도함으로써 이를 처리할 수 있다. 여기에서는 기도에 대해 여러 가지로 표현했다. 이는 우리가 아주 열심히 기도해야 함을 강조하기 위한 것이다. 우리가 기도할 때 하나님께로 향하는 통로가 열리게 된다. 이는 하나님께서 주시는 도움을 받을 수 있게 되는 것을 의미한다. 하나님이 함께하시면 불가능한 일도 가능케 된다.

둘째, 염려 대신에 우리는 감사해야 한다. 무엇보다도 먼저 하나님께서 함께하심에 대하여 감사해야 한다. 그다음에 하나님께서 긍휼을 베풀어주심에 대하여 감사해야 한다. 우리의 실패로 염려할 일이 생겼으나 하나님께서 우리에게 힘주셔서 우리의 책임을 다할 수 있도록 하시는 것에도 감사해야 한다. 무엇보다도 우리 속에 확신을 주시는 것에 대해 감사해야 한다. 감사할 수 있다는 것은 어떤 의미에서 확신이 생겼음을 의미한다. 과거에도 나를 도우신 하나님께서 이번에도 도우셔서 내가 "감당하지 못할 시험" 당함을 허락지 않으실 것이라는 사실을 확신한 사람은 염려가 변하여 감사가 된다(고전 10:13).

"모든 지각에 뛰어난"이란 말은 우리 인간의 머리로서는 도저히 다 생각하거나 헤아릴 수 없는 깊고 큰 것을 의미한다. 이와 같은 평강은 그리스도께서 십자가에서 돌아가실 때도 그리스도를 떠나지 않았던 평강이며, 성령께서 우리에게 주시겠다고 요한복음 14:27 에서 약속한 바로 그 평강이다. 주석가 켄트(Kent)는 이와 같은 평강이 보초처럼 염려와 절망으로부터 우리 마음을 지켜 주신다고 말했다.[4] 하나님의 평강은 마치 우리를 위한 강한 요새와 같다.

바른 생각을 하라(4:8-9)

질문 현대는 옳은 것보다 옳고 그른 것에 상관없이 감정을 자극하는 것이라면 바로 그런 것을 더 선호하는 시대이다. 과연 이런 상황 속에서 우리가 어떻게 바른 생각과 행동을 할 수 있는가?

힌트

하나님의 평강이 우리 마음을 늘 지배하게 하려면 우리가 옳은 것들로 우리 마음을 계속 채우고 실천하지 않으면 안 된다. 저속한 잡지 내용으로 우리 마음을 채우게 되면 우리 마음은 그런 내용에 의해 지배받게 되며, 우리의 행동까지도 영향을 받게 된다. 그런 사람들은 하나님의 평안을 누리며 살 것을 기대할 수 없다. 따라서 우리가 하나님의 평강을 누리려면 다음과 같은 것들을 계속 생각하는 것이 필요하다.

① 우리는 무엇이든지 '참된 것'을 생각해야 한다. "참되며"란 뜻은 도덕적으로나 영적으로 신빙성이 있는 것을 의미한다. 켄트

4 Kent, Rupprecht, and Vaughan, *Philippinans*, *Colossians*, *Philemon*, 152.

(Kent)는 이것이 하나님의 성격을 나타내 주기 때문에 하나님의 자녀들도 마땅히 갖추어야 할 덕목이라고 설명하고 있다.

② '경건한' 것들로 우리 마음을 채워야 한다. 이는 디모데전서 3:8 에서 집사의 자격을 논할 때 사용한 말과 같은 뜻으로 존경을 받을 만한 것들을 의미한다.[5]

③ 하나님과 사람 앞에서 부끄러움이 없는 것들, 곧 '옳은 것'들을 생각해야 한다. 또한 우리가 생각할 것은 '정결한' 것들이다. 이는 도덕적으로 깨끗한 것을 의미한다. 그리고 '사랑스러운' 것들을 생각해야 하는데, 이는 사람들이 칭찬할 만한 높은 기준을 갖는 것을 의미한다. 마지막으로 우리는 '칭찬받을 만한' 것들 외에도 '숭고한' 것들을 생각해야 한다.

한번 상상해 보라. 우리가 이런 것들로 마음의 양식을 삼는다면 우리의 표정과 행동이 어떻게 변하겠는가! 위에서 말한 것 외에도 고귀하고("무슨 덕이 있든지") 칭송을 들을만한("무슨 기림이 있든지") 것을 언제나 생각하고 행동으로 옮기라고 하나님은 우리에게 명령하셨다. 이렇게 할 때 우리에게 하나님의 평강만 있는 것이 아니라, 하나님께서 친히 우리와 함께 계실 것(임재)까지도 약속하셨다(4:9 하).

5 Kent, Rupprecht, and Vaughan, *Philippinans*, *Colossians*, *Philemon*, 152.

이 과를 마치면서

타락한 현 세상에 사는 우리에게 어찌 긍정적인 면들만 있겠는가! 갈등이나 근심이 나를 떠나가고 상처가 아물어 가는가 하면 또다시 찾아오곤 하는 것이 현실이다. 국내만 아니라 이제 바야흐로 세계화된 세상에 살면서 범세계적인 문제들에 대해서도 우리는 피부로 느낄 정도로 영향을 받고 있다. 이렇게 국내외적으로 문제들이 우리를 압박할 때마다 우리는 주 안에 굳게 서서 서로 뜨겁게 사랑해야 한다. 주님을 생각하면서 항상 기뻐함으로써 어려움을 이겨내야 한다. 악을 악으로 갚거나 부당한 대우를 받을 때마다 원수를 갚는 대신 관용을 베풀어야 한다. 이런 모든 것을 위해 기도하며 염려를 하나님께 맡겨야 한다.

이와 같은 상황에서도 우리는 끝까지 옳은 삶의 자세를 가지고 살아야 한다. 편견이 아닌 진리를 추구하고 최선을 다해야 한다. 감정에만 호소하거나 진실성이나 정당성이 빠진 것은 어떤 경우라도 거부해야 한다. 오히려 항상 하나님과 제대로 생각하는 사람들에게 칭찬을 받는 일에 정진(精進)해야 한다. 우리가 이렇게 살 때 비로소 우리 같은 평범한 사람도 현 세상에서 위대한 삶을 살 수 있게 될 것이다. 이런 진실한 삶을 살게 해주시는 삼위일체 하나님께 감사하며 세상 모든 족속이 하루빨리 복음을 듣고 그들도 이런 진실한 삶을 살게 해야 할 것이다.

나의 기도

하나님 아버지, 오늘도 우리는 이 땅을 바라볼 때 미증유(未曾有)의 아픔과 불의와 공포와 결핍으로 온통 신음하는 사실을 느끼게 됩니다. 이런 상황에서 진리를 추구한다든가, 진실한 삶을 사는 것이 요원(遙遠)하게만 느껴집니다. 하지만 우리의 시선을 삼위일체 하나님께 돌려서 지금도 선교하시고(*missio Dei*), 하나님의 백성들을 돌보고(member care) 계시는 하나님을 보게 되면 우리의 마음이 달라집니다. 하나님께서는 지금도 쉬지 않으시고 우리 가운데 동거하시며, 우리의 아픔을 함께 느끼시며, 우리가 하나님의 뜻대로 살아갈 수 있도록 일하고 계십니다. 이로 인해 우리는 이 어지러운 세상에서도 참된 삶을 살아갈 수 있습니다. 세상 모든 족속이 이런 참된 삶의 비결을 하루속히 깨닫게 해 주시기를 간절히 소원합니다. 아멘.

적용하기

1. 당신은 다른 그리스도인들을 위하여 영적 부모의 역할을 해 본 경험이 있는가? 없다면 그런 경험을 할 수 있게 해달라고 기도하고 도울 수 있는 사람들을 찾아보라(4:1).

2. 세상 사람 대다수가 기쁨을 누리지 못하고 대부분 시간을 보낸다. 우리도 그렇게 살고 있다면 지금 주님께서 명한 대로 "주 안에서" 기뻐하라(4:4).

3. 당신은 염려를 어떻게 처리하고 있는가? 기도와 간구로 하나님께 아뢰어 하나님께서 이를 해결해 주실 것이라는 확신 때문에 감사해 본 경험이 있는가? 없다면 지금 주님께서 내게 염려 대신 감사하는 마음을 주실 때까지 기도드리라(4:6-7).

4. 당신은 주로 어떤 것들로 마음의 양식으로 삼고 있는가? 4:8-9 과 비교해 볼 때 개선해야 할 점들은 무엇인가?

9

참 만족한 삶의 비결

빌립보서 4:10-23

묵상할 구절들

내가 주 안에서 크게 기뻐함은 너희가 나를 생각하던 것이 이제 다시 싹이 남이니 너희가 또한 이를 위하여 생각은 하였으나 기회가 없었느니라 내가 궁핍하므로 말하는 것이 아니니라 어떠한 형편에든지 나는 자족하기를 배웠노니 나는 비천에 처할 줄도 알고 풍부에 처할 줄도 알아 모든 일 곧 배부름과 배고픔과 풍부와 궁핍에도 처할 줄 아는 일체의 비결을 배웠노라 **내게 능력 주시는 자 안에서 내가 모든 것을 할 수 있느니라** 그러나 너희가 내 괴로움에 함께 참여하였으니 잘하였도다 빌립보 사람들아 너희도 알거니와 복음의 시초에 내가 마게도냐를 떠날 때에 주고 받는 내 일에 참여한 교회가 너희 외에 아무도 없었느니라(4:10-15).

데살로니가에 있을 때에도 너희가 한 번뿐 아니라 두 번 나의 쓸 것을 보내었도다 내가 선물을 구함이 아니요 오직 너희에게 유익하도록 풍성한 열매를 구함이라 내게는 모든 것이 있고 또 풍부한지라 에바브로디도 편에 너희가 준 것을 받으므로 내가 풍족하니 이는 받으실 만한 향기로운 제물이요 하나님을 기쁘시게 한 것이라 나의 하나님이 그리스도 예수 안에서 영광 가운데 그 풍성한 대로 너희 모든 쓸 것을 채우시리라 하나님 곧 우리 아버지께 세세 무궁하도록 영광을 돌릴지어다 아멘(4:16-20).

그리스도 예수 안에 있는 성도에게 각각 문안하라 나와 함께 있는 형제들이 너희에게 문안하고 모든 성도들이 너희에게 문안하되 특히 가이사의 집 사람들 중 몇이니라 주 예수 그리스도의 은혜가 너희 심령에 있을지어다(4:21-23).

모든 것이 풍부한 가운데 많은 것을 받는 것보다 부족한 가운데 필요한 것을 받게 될 때 하나님께 대한 감사가 더욱더 넘치게 된다. 그럴 때 우리가 느끼는 심정은 필요한 것이 채워졌다는 그 사실보다는 부족함을 채워주시는 하나님께서 계신다는 사실에 대한 한없는 고마움이다. 이는 하나님께서 내 처지를 알고 계시며, 앞으로도 의뢰할 수 있는 분이시며, 지금도 내게 가까이 계신다는 안도감 때문이다. 바울 사도도 바로 그런 심정으로 빌립보서 4:10-23을 썼을 것으로 생각된다. 얼핏 생각하면 빌립보 교인들에게서 온 헌금을 한 번 받은 것에 대해 지나친 반응을 보이지 않느냐고 생각할 수도 있으나, 더 깊이 묵상해 볼 때 그렇게 단순한 판단을 내릴 수 없다는 사실을 알게 된다.

물론 바울 사도가 헌금을 보낸 빌립보 교인들에 대하여 진심으로 감사했음은 두말할 나위가 없다. 이는 다음과 같은 바울 사도의 표현을 통하여 잘 알 수 있다.

> 내가 주 안에서 크게 기뻐함은 너희가 나를 생각하던 것이 이제 다시 싹이 남이니……(4:10).
> 그러나 너희가 내 괴로움에 함께 참여하였으니 잘하였도다(4:14).

그보다 더 큰 기쁨은 아마도 빌립보 교인들이 성장하여 이제 하나님의 선교에 동참하고 있다는 사실 때문일 것이다. 또한 하나님께서 그 배후에서 역사하고 계신다는 확신을 함께 가질 수 있었을 것이다. 아무튼 바울 사도는 모든 것을 주관하시는 하나님의 생생한 손길을 다시 한번 느끼게 되어 한없는 기쁨과 확신을 두고 이렇게 외쳤다.

> 내게 능력 주시는 자 안에서 내가 모든 것을 할 수 있느니라 (4:13).

그렇다. 하나님만을 의뢰하기로 작정하고 하나님을 위해 무엇이든지 하겠다는 결의가 있는 사람은 하나님께서 도우실 수밖에 없다. 이런 사람을 하나님께서 못 본 척하시면 우리는 갈 곳도, 몸 둘 곳도, 공급받을 곳도 없다. 하나님께서는 이런 사람들을 위하여 자신을 나타내신다.

지금도 이런 사람들을 위하여 하나님께서는 자신을 나타내시고 능력을 주신다. 이런 사람은 자신의 야심이나 자신의 계획이 따로 있는 것이 아니라, 하나님의 뜻과 하나님의 계획을 좇아 사는 사람들이므로 하나님께서 친히 능력을 주시어 모든 것을 할 수 있게 하신다. 그 능력은 바울 사도처럼 일정 기간 빌립보 교회의 헌금을 받지 않아 경제적으로 어려운 가운데서도 좌절되거나 하나님을 원망하지 않고 살 수 있는 것으로 나타날 수도 있다. 또 풍성한 가운데 살면서도 물질이 주는 유혹에 넘어가지 않고 성령 충만한 삶을 사는 것으로 나타날 수도 있다.

흔히들 "내게 능력 주시는 자 안에서 내가 모든 것을 할 수 있느니라"(4:13)는 말씀을 자신들이 원하는 것은 무엇이든지 할 수 있도록 하나님께서 능력을 제한 없이 공급하실 것이라는 의미로 적용하는 경향이 있다. 그 결과 자신의 한계를 모르고 지나치게 일을 벌이거나, 아니면 자신을 과신한 나머지 돈키호테식의 신앙을 가질 수도 있다. 이상 두 가지 극단을 피하려면 다음 두 가지를 고려해야 한다.

- 우리가 처해 있는 상황(4:10-13)
- 우리가 가진 물질(4:14-23)

가. 하나님을 의지하고 사는 사람들은 상황의 노예가 될 필요가 없다(4:10-13)

질문 바울 사도의 경우처럼 상황에 노예가 되지 않고 하나님께서 나를 책임지신다는 확신을 가지고 살면서 경험한 것들을 한두 가지만 나누라.

힌트

만일 바울 사도가 빌립보 교인들이 채워주는 헌금 그 자체만을 의뢰하였다면 빌립보 교회의 상황에 따라서 바울 사도의 선교 사역과 그 생존권이 좌우되었을 것이다. 빌립보 교회에서 선교 헌금이 한동안 오지 않았을 때 원망을 하거나 좌절감을 느낄 수도 있었을 것이다. 그러나 본문만이 아니라 빌립보서 전체를 보아도 바울 사도가 좌절했다거나 빌립보 교인들을 원망했던 기색은 보이지 않는다. 그 이유는 바울 사도가 상황의 노예가 되지 않고 오직 하나님을 의뢰했기 때문이다.

그런 사실은 현대를 사는 그리스도인들과 사역자들, 그리고 선교사들에게도 커다란 교훈을 주고 있다. 만일 크리스천 직장인이나 가정주부가 봉급을 의뢰하고 하나님을 의뢰하지 않는다면 직장 형편에 따라서 좌우되는 사람, 즉 상황의 노예가 되는 사람일 것이다.

하지만 하나님만 의뢰하는 사람들은 바울 사도처럼 "내게 능력 주시는 자 안에서 모든 것을 할 수 있느니라"고 간증할 수 있다. 이런 사람들 속에는 그들이 처한 상황과 상관없이 최소한 다음 세 가지 반응이 있을 수 있다.

- 첫째, 소멸하지 않는 기쁨(4:10)이 있다.
- 둘째, 어려운 상황에서도 자족하는 태도(4:11-12)를 갖게 된다.
- 셋째, 하나님께서 어떤 난관이든지 이길 수 있게 해 주실 거라는 믿음을 갖게 된다(4:13).

질문 당신은 이 셋 중에 어떤 것을 누리고 있으며 부족한 것은 어떤 것인가? 그 이유는 무엇인가에 대해 서로 나누라.

나. 하나님을 의뢰하는 사람은 물질의 노예가 될 필요가 없다(4:14-23)

질문 우리가 왜 물질에 노예가 되지 않아도 되는가에 대해 자신의 경험을 통해 몇 가지 예를 들라(4:14-20).

힌트

한 유명한 원로 목사님이 이렇게 말씀하는 것을 필자가 들은 적이 있다.

> 하나님의 뜻을 분별하는 것이 어렵지 일단 하나님의 뜻이라고 확신한 다음 이를 실행하는 데 필요한 돈을 하나님으로부터 받는 것은 오히려 쉬울 수 있을 것이다. 만일 우리가 하는 일이 하나님의 뜻이라면 재물(財物)도 하나님께서 주실 것이다.

바울 사도는 빌립보 교인들이 드리는 헌금을 감사하는 마음으로 받았다. 그들은 헌금한 만큼 자신들을 희생했을 것이다. 따라서 바울 사도는 다음과 같이 격려했다.

> 그러나 너희가 내 괴로움에 함께 참여하였으니 잘하였도다(4:14).

본문을 통해 바울 사도는 물질의 노예가 아니었다는 사실을 알 수 있다.

> 내가 선물을 구함이 아니요 오직 너희에게 유익하도록 풍성한 열매를 구함이라 …… 이는 받으실 만한 향기로운 제물이요 하나님을 기쁘시게 한 것이라(4:17-18).

바울 사도는 자신이 선교 헌금을 받았다는 그 자체보다는 빌립보 교인들이 선교 헌금을 드림으로써 그들의 신앙생활이 유익하게 되었다는 데 더 큰 관심을 표명했다. 바울 사도는 극한 상황을 다반사로 경험한 사람이었다. 14 절에서 "내 괴로움"이라고 표현한 것을 보아서도 바울 사도가 어떤 어려움을 경험했는지 짐작할 수 있다.

이는 한국교회나 선교계(선교사 포함)에 주는 큰 도전이다. 과연 한국교회와 선교사들이 물질보다 교인들의 영적 상태나 선교지 영혼들의 유익을 더 귀중히 여기고 있는지 곰곰이 생각해 볼 필요가 있다. 온 천하보다 한 영혼이 더 귀하다고 말씀하신 예수님의 태도와 어떤 차이가 있는지도 평가해 볼 필요가 있다.

바울 사도는 빌립보 교인들이 드린 물질을 계기로 하여 하나님께서 자기와 가까이 계시며 자신을 돌보고 계심을 체험했을 것이다. 따라서 그는 이렇게 빌립보 교인들을 축복할 수 있었다.

> 나의 하나님이 그리스도 예수 안에서 영광 가운데 그 풍성한 대로 너희 모든 쓸 것을 채우시리라(4:19).

그리고 거기서 끝나지 않고 계속해서 "하나님 곧 우리 아버지께 세세 무궁하도록 영광을 돌릴지어다 아멘"(4:20)하고 축도했다.

질문 우리는 본문을 통해 성도 간에 어떤 관계가 있는가를 평가하는 기회를 가져야 할 것이다. 우리는 본문에서 암시하고 있는 것과 같이 친밀한 관계를 유지하고 있는가(4:21-23)?

힌트

우리는 하나님의 영광을 위하여 빌립보 교인처럼 물질보다 사람들을 더 귀하게 여기고 하나님께서 모든 것을 채워주실 것을 전적으로 신뢰할 수 있어야 한다. 그와 같은 마음을 가진 사람이 바로 참된 그리스도인들이며, 그런 사람들 사이에 이뤄지는 교제(*koinonia*)가 바로 성도들 간의 관계이다(행 2:42-47).

이 과를 마치면서

가난하기 이를 데 없는 어느 대학생이 크리스마스를 맞이했다. 가게마다 선물이 가득 차 있었고, 거리마다 인파로 뒤덮여 있었다. 그러나 이 청년은 저녁 먹을거리조차 없는 단칸 셋방으로 무거운 발길을 옮겨 놓았다. 집에는 네 식구가 그를 기다리고 있었다. 집에 도착했을 때 뜻밖에도 몇 년 동안 아무런 소식도 없던 먼 곳에 있는 친구로부터 편지가 와 있었다. 그는 이 편지를 뜯었다. 뜻밖에도 수표 한 장이 그 안에서 나왔다. 저녁거리도 없이 크리스마스이브를 보내게 되었던 그는 너무 감격했다. 그는 그 수표를 들고 한없이 눈물을 흘렸다. 가족들은 그가 왜 우는지 이해하지 못했다.

그는 필요한 돈이 채워진 것도 감사했지만 그보다 더 근본적인 일에 대해 감격을 금할 수 없었다. 더는 버틸 힘이 없었고, 자신의 인내심이 한계점에 도달했다고 느끼고 있었을 때 자기를 잊어버리지 않고 돌보아 주시는 하나님의 따뜻한 손길을 느꼈기 때문에 감사해서 눈물을 한없이 쏟았다. 그때 받은 교훈은 하나님께서 늘 옆에 계셔서 “내가 너를 지켜보고 있다. 염려하지 말고 나를 의뢰하라”는 것이었다. 이 교훈은 평생 그를 물질로 실족하지 않게 해 주었다. 이런 삶은 이 세상 그 어떤 것으로도 바꿀 수 없다. 그렇기에 이 세상 모든 족속이 마땅히 누려야 할 삶이다.

나의 기도

하나님 아버지, 우리에게 참 만족한 삶의 비결을 알려 주신 것에 대해 감사와 찬양을 드립니다. 오늘 다시 그런 삶을 살고 있는지 재확인하고, 만에 하나라도 우리 삶이 습관화되어 있어서 감사하지도 않고, 감격도 없이 쳇바퀴 도는 것같이 사는 덫에 걸려있다면 지금이라도 회개하고 다시 감사가 넘치는 삶을 살기 원합니다. 무엇보다도 하나님의 임재를 구합니다. 물질도, 상황도 다 이차적이라는 사실을 확실히 알았기 때문에 만왕의 왕이신 하나님의 얼굴을 뵙기 원합니다. 저희와 함께하시는 것에 감사드립니다. 영광과 찬송과 경배를 세세토록 받아 주시기를 진심으로 기원하며 송축합니다. 우리만 이런 영광스러운 하나님을 뵙고 살지 않고 하루속히 세상 모든 족속도 이런 축복을 우리와 함께 누릴 수 있도록 추수할 일꾼들을 보내 주시기를 간절히 바랍니다. 아멘.

적용하기

1. 우리는 과연 하나님만을 의뢰하기 때문에 외적 상황과 상관없이 누릴 수 있는 기쁨을 맛보고 살고 있는가? 그렇게 살지 못하고 있다면 그 원인은 무엇인가(4:10)?

2. 우리는 시련을 통해서 신앙이 성숙하게 되는 경험을 한 적이 있는가? 그런 경험이 없다면 하나님이 지금까지 어떻게 나를 도우셨는지 확인하는 시간을 가지라(4:11-12).

3. 우리의 신앙 여정 중에 우리의 필요를 위해 그리스도만 의지함으로써 마침내 그리스도께서 채워 주시는 경험을 하는 것이 필요하다. 이런 경험을 아직 한 번도 해 보지 못했다면 이를 경험하기 위한 구체적인 계획을 세우라(4:19).

참고문헌

Hendriksen, William. 『빌립보서』. 서춘웅 역. 아가페 출판사, 1985.

Kent, Homer A. Jr., A. Rupprecht, and Curtis Vaughan. *Philippinans, Colossians, Philemon*. The Expositor's Bible Commentary. Grand Rapids: Zondervan, 1982.

Martin, Ralph P. *Philippians*. The New Century Bible Commentary. Grand Rapids: Eerdmans, 1976.

_______. 『빌립보서』. 김효성 역. 기독교 문서선교회, 1980.

Motyer, Alec. *The Message of Philippians*. The Bible Speaks Today. Leicester, England: IVP, 1985.

Moule, H. C. G. Moule, *Philippian Studies*. Pickering & Inglis, 1975.

Müller, Jac J. *The Epistles of Paul To The Philippians and to Philemon*. The New International Commentary on the New Testament. Grand Rapids: Eerdmans, 1980.

_______. 『NIC 성경주석: 빌립보서 · 빌레몬 · 살전후』. 홍성철, 서문강 역. 생명의 말씀사, 1981.

Schreiner, Patrick. "What We Would Be Missing If We Didn't Have the Book of Acts." *Crossway Articles*. January 04, 2022.

_______. "The Mission of the Triune God." posted by Matthew Hines. January 25, 2022. https://www.mbts.edu/2022/01/booktalks-with-patrick-schreiner-the-mission-of-the-triune-god.